TRAITÉ

DE

PRONONCIATION

PAR

M. MORIN (DE CLAGNY)

PROFESSEUR AU CONSERVATOIRE DE MUSIQUE ET DE DÉCLAMATION

CINQUIÈME ÉDITION

AUGMENTÉE

D'UN COURS DE LECTURE À HAUTE VOIX

PARIS

TRESSE, LIBRAIRE-ÉDITEUR

GALERIE DE CHARTRES, 10 ET 11.

AU PALAIS-ROYAL

MDCCCLXXIII

TRAITE

DE

PRONONCIATION.

TRAITÉ

DE

PRONONCIATION

INDIQUANT

Les moyens d'obtenir une bonne émission de voix,
de corriger tous les défauts de prononciation, tous les accents
vicieux, tous les accents étrangers,
et donnant la prononciation exacte de plus de deux cent mille mots.

SEULE MÉTHODE EMPLOYÉE AU CONSERVATOIRE

ET ADMISE DANS LES MAISONS SUPÉRIEURES D'ÉDUCATION EN FRANCE
ET A L'ÉTRANGER.

PAR

M. MORIN

(DE CLAGNY)

PROFESSEUR DE LECTURE A HAUTE VOIX ET DE DÉCLAMATION LYRIQUE
Au Conservatoire impérial de Musique et de Déclamation.

CINQUIÈME ÉDITION

REVUE, CORRIGÉE ET AUGMENTÉE D'UN

COURS DE LECTURE A HAUTE VOIX

PARIS

TRESSE, LIBRAIRE-ÉDITEUR

GALERIE DE CHARTRES, 10 ET 11
AU PALAIS-ROYAL

MDCCCLXXIII

A MONSIEUR DE LAROCHEFOUCAULD

DUC DE DOUDEAUVILLE

Si cet ouvrage a rendu quelque service dans l'*Instruction*, s'il en doit rendre encore, s'il est digne enfin de quelque bienveillance, c'est à vous, MONSIEUR LE DUC, que le public doit en faire remonter ses remercîments ; car c'est à votre noble et toute bienveillante protection que je dois l'insigne honneur d'être membre du Conservatoire.

Vous n'avez pas dédaigné, MONSIEUR LE DUC, vous, alors *Ministre des Beaux-Arts*, de tendre la main à un pauvre et timide artiste qui, sans vous, n'eût jamais rien été. Aussi ma reconnaissance pour vous tient-elle de la religion ! Et pouvoir ici vous l'exprimer à haute voix me semble un des moments les plus heureux de ma vie.

Daignez donc, MONSIEUR LE DUC, accepter la dédicace de ce modeste livre, non pour son mérite, mais comme l'expression vivante de l'éternelle reconnaissance de

Votre recpectueux et dévoué serviteur.

M. MORIN.

———

Cette *quatrième* édition, revue et corrigée avec soin, doit satisfaire à toutes les demandes faites à l'auteur par les chefs d'Institution, les professeurs et les directrices de Maisons religieuses. De plus, M. Morin (de Clagny) a joint à son Traité, comme complément nécessaire du travail de la prononciation, un *Cours de Lecture à haute voix*.

Tous les morceaux littéraires donnés en études dans ce Cours ont été choisis avec un soin tout religieux.

Un poëte aimé de tous, M. ÉMILE DESCHAMPS, a bien voulu contribuer à l'amélioration de ce recueil en donnant à l'auteur plusieurs poésies charmantes, et toutes inédites. C'est un cadeau dont nos lecteurs sentiront tout le charme.

15 avril 1855.

NOTE DE L'ÉDITEUR.

AVANT-PROPOS.

———

Ce qu'il fallait, ce qu'on cherchait depuis longtemps, c'était un ouvrage complet, indiquant d'une manière simple, en peu de paroles, et intelligiblement pour tous, les moyens les plus sûrs de corriger les mauvais accents et tous les vices de prononciation, depuis la *mollesse d'articulation*, qui en est le plus faible, jusqu'au *bégayement*, qui en est le plus fort.

Ce livre, le voici :

C'est un résumé de vingt-cinq ans d'expérience

pratique. C'est une méthode qui a fait ses preuves, avec laquelle j'ai obtenu les résultats les plus positifs, les plus complets, et qui doit être l'a b c d de tous les Français et de tous les étrangers.

TRAITÉ
DE PRONONCIATION

PREMIÈRE LEÇON.

DE L'ARTICULATION DES VOYELLES.

Les mots sont composés de voyelles et de consonnes.

Les voyelles sont les sons ; — les consonnes, les mouvements.

Les meilleurs grammairiens n'ont tenu aucun compte, et avec raison, de ce vieux préjugé qui ne nous accorde que cinq voyelles. Ils ont reconnu ce qui est : que notre langue en possède une bien plus grande quantité.

Je les place ainsi, y ajoutant les sons longs et brefs, graves et aigus :

é.

è.

è̀ (1).

---

(1) J'ai placé un double accent grave sur la voyelle è lorsqu'elle doit se prononcer ê ouvert grave, c'est-à-dire plus ouvert du double que l'é ouvert ordinaire. Dans les précédentes éditions, j'avais désigné ce son ê par ce signe

1

é.

ŏ (2).

ă.

ï, ou **y.**

â.

ïn.

an.

un.

on.

e.

eŭ.

ŏ.

eū.

ou.

u.

Puis, je les range selon leur ordre articulaire, pour mieux faire comprendre quels sont les mouvements de la bouche nécessaires à chaque appellation.

VOYELLES OUVERTES.	VOYELLES NASALES.	VOYELLES LABIALES.
é.	ïn.	e.
è.	an.	eŭ.
ĕ.	un.	ŏ.
ê.	on.	eū.
ŏ.		ou.
ă.		u.
â.		ï ou **y.**

ₔ, mais j'ai vu qu'il jetait de l'incertitude. Pour éviter cela, j'ai choisi ce nouveau mode, qui me paraît plus aisé à comprendre.

(3) Les signes indiquant les brèves et les longues sont ⌣ ⌐. Le premier est la représentation du son bref aigu ; et l'autre désigne le son long et grave.

Jusqu'à présent, on ne connaissait point de règles fixes pour les différents mouvements de la mâchoire nécessaires à la juste appellation de nos voyelles ; aussi cette ignorance donnait-elle et donne-t-elle toujours lieu aux accents les plus étranges, aux prononciations les plus défectueuses. Maintenant la difficulté est vaincue. La méthode que je présente, très-simple, extrêmement facile à retenir, donne des principes invariables. La croissance ou la décroissance de la bouche, dans chaque mouvement, y est numérotée. Plus d'erreur possible.

Nous avons dix-huit sons, ou voyelles, dans notre langue ; je les ai classés par ordre de mouvement.

La première est celle qui n'exige qu'une petite ouverture de bouche (l'*é* fermé). Quoique cet *é* soit fermé, il n'en faut pas moins entr'ouvrir les dents pour le bien articuler. La deuxième (l'*é* ouvert commun) demande une ouverture un peu plus grande, et ainsi de suite en ouvrant progressivement la bouche jusqu'à la neuvième (*an*), qui est la voyelle où les mâchoires doivent atteindre leur plus grande ouverture. Puis, à partir de la dixième (l'*e* muet), la bouche tend à se refermer, ce qui s'exécute presque à la douzième (l'*ô* grave) ; elle se referme davantage pour les treizième, quatorzième, quinzième et seizième (*un, on, eü* et *ou*), et se trouve arrivée à son dernier degré de fermeture, les lèvres serrées l'une contre l'autre, à la dix-septième (l'*u*) ; position qu'elle conserve en articulant la dix-huitième, la dernière de mon tableau (l'*i*), tout en changeant la position des lèvres.

Voici ce tableau :

TABLEAU DES VOYELLES

D'APRÈS MA MÉTHODE.

CROISSANCE PROGRESSIVE.

1re	ô	fermé..........	(petite ouverture de bouche..............	cé, été, il sait.
2e	ê	ouvert commun....	(ouvrez la bouche)....................	père, mère, elle.
3e	è	grave...........	(davantage)...........................	ëst, très, ãnglãis.
4e	ê	très-ouvert......	(encore plus, mais sans effort).........	évêque, conquête.
5e	ô	aigu............	(de même pour celle-ci...................	côcôtte, aürôre.
6e	ä	aigu............	(toujours plus)........................	lä,fä, päpä.
7e	ā	grave...........	(le son change, le mouvement n'est plus le même que pour l'à aigu, mais la bouche ne s'en ouvre pas mòins)..............	cäs, läs, päs, äs.
8e	in	nasal..........	(la bouche très-ouverte avec effort)........	fin, hein, sain.
9e	an	nasal...........	(encore plus, si c'est possible)..........	grand, blanc.

DÉCROISSANCE PROGRESSIVE.

10° **e** muet......... ... (ouverte sans effort)..................... *le, me, te.*

11° **eû** aigu......... ... (de même)........................... *seûl à seûl.*

12° **ô** grave............ (la bouche commence à se refermer, les lèvres se
joignent en s'allongeant)............. *côte à côte.*

13° **un** nasal......... (même mouvement quant à la fermeture de la bouche). *un, brun.*

14° **on** .... (un peu plus rapprochée)................. *long, bonbon.*

15° **eû** grave... : .... (davantage encore)................... *jeûx, bœûfs.*

16° **ou** .... (encore plus).................... *joujou, coucou.*

17° **u** .... (fermeture complète de la bouche)......... *jujub, su, hu.*

18° **i ou y**............... (de même, moins les lèvres.).......... *ici, fini.*

Maintenant je vais donner des explications détaillées sur chacune de ces articulations vocales. Je vais les faire passer sous les yeux les unes après les autres, en indiquant de quelle manière il faut se servir des différentes parties de la mâchoire dans chaque appellation.

DEUXIÈME LEÇON.

VOYELLES OUVERTES.

é, è, ĕ, ê, ŏ, ă, â.

L'é FERMÉ.

Pour bien prononcer l'é fermé, il faut que la bouche reste dans sa position ordinaire, ni grande ouverte, ni tout à fait fermée. Laissez, au contraire, un libre passage à l'air, ne serrez pas les dents, et cette voyelle sera bien articulée.

Exercices sur l'é fermé.

L'E est fermé quand il termine une syllabe et qu'il n'est pas suivi d'une consonne et d'un e muet.

École, Eole, écoutez, éphémère, éclore, écrire, chétif, vérité, etc.

Dans *école,* l'é termine la syllabe, il est suivi de la consonne c et de la voyelle *o,* il est fermé ; ainsi de suite des autres. Quand, après la consonne qui suit l'é, il n'y a pas un *e* muet, l'é *est toujours fermé.*

Dans *éphémère*, les deux premiers *é* sont fermés. Pourquoi? Parce qu'ils terminent une syllabe et qu'ils ne sont pas suivis d'une consonne et d'un *e* muet. En effet, le premier *é* est suivi de deux consonnes *ph* et d'un *é* fermé, *é, phé;* le second *é* termine la syllabe *phé*, et il est suivi de la consonne *m* et d'un *e* ouvert, *éphémè;* le troisième *e* termine aussi la syllabe *mè*, cet *è* est suivi de la consonne *r* et d'un *e* muet, *re*, il est ouvert.

Il en est de même de *père*, *mère*, *ère*, *hère*, etc. Le premier *e* de *père* termine la syllabe, il est suivi d'une consonne et d'un *e* muet, il est ouvert.

Cette règle s'applique à un nombre immense de mots.

Et, conjonction, se prononce *é* fermé; le *t* ne se fait jamais entendre, et il ne se lie jamais aux voyelles qui le suivent. Il n'y a qu'une exception dans le mot latin francisé par l'usage : *et cœtera*, que l'on prononce *ett' cé té râ.*

L'*é* fermé est aspiré dans les cinq mots : *hé! héros, héraut, hérissé, héron.*

Il ne l'est pas dans les mots : *Hébé, héberger, hécatombe, Hélicon, hémistiche, héliotrope, héritier, Héloïse, Hélène, héroïne, Hérodote, Hérode, hébreu, Hécate, hérésie, hélas!*

A la fin des mots, on prononce comme *é* fermé :

1° — er....
{
Des 5,000 infinitifs des verbes de la 1re conjug. : *aimer, créer, danser, agiter,* etc., etc.
De tous les noms d'états, de dignités : *boucher, horloger, financier,* etc.
De tous les noms d'arbres : *pommier, abricotier, pécher,* etc.
}

2°—ai.....
> De toutes les premières personnes du singuliei du passé défini des 5,000 verbes de la 1ʳᵉ conj. : j'*aimai*, je *créai*, je *dansai*, j'*agitai*, etc., etc.
>
> De toutes les premières personnes du futur des 6,000 verbes des quatre conjug. : j'*aimerai*, je *finirai*, je *recevrai*, je *rendrai*, etc., etc.

3°—ez....
> Des secondes personnes du pluriel du présent de l'indicatif, du futur, du conditionnel, de l'impératif, du présent et de l'imparfait du subjonctif des 6,000 verbes des quatre conjugaisons. Ce qui fait un total de 36,000 mots.
>
> 1ʳᵉ conj., vous *aimez*, vous *aimerez*, *aimez*, etc.
>
> 2° conj., vous *finissez*, vous *finirez*, *finissez*, etc.
>
> 3° conj., vous *recevez*, vous *recevrez*, *recevez*, etc.
>
> 4ᵉ conj., vous *rendez*, vous *rendrez*, *rendez*, etc.
>
> Des trois mots *nez*, *assez*, *chez*.

4°—é.....
> De tous les participes passés........ masculins et féminins, singuliers et pluriels, des verbes de la 1ʳᵉ conjugaison. (Total, 20,000 mots.)
>
> *Aimé, aimée; créé, créée*, etc.,
>
> *Aimés, aimées; créés, créées*, etc.

5°—té....
> Des 600 substantifs féminins qui expriment les qualités abstraites des adjectifs dont ils sont formés :
>
> *Clarté,* qualité de ce qui est *clair.*
>
> *Pureté,* — *pur.*
>
> *Sincérité,* — *sincère*, etc.

De tous les substantifs masculins et féminins qui ont cette terminaison :

6°—ée ou é {
Protée, Némée, Pompée, Thésée, apogée, hyménée, lycée, caducée, trophée, renommée, armée, charretée, dictée, etc.

Circé, Daphné, Psyché, Phébé, Sémélé, Amalthée, etc.
}

Enfin les trois personnes du singulier du présent de l'infinitif du verbe savoir, je *sais,* tu *sais,* il *sait,* et la troisième personne du singulier du présent du subjonctif du verbe avoir, qu'il *ait.*

En ajoutant *volontiers, premier, dernier, pied* et ses deux composés *trépied, marche-pied,* on a un total de plus de 60,000 mots, sur lesquels on peut s'exercer à prononcer l'é fermé.

L É OUVERT.

Ce signe, dans notre langue, est le plus incomplet de tous, car nous possédons bien des sortes de sons dans l'*è* ouvert, et nous n'avons aucun moyen de les faire reconnaître à l'œil. L'oreille seule nous en fait saisir les différences ; ce qui cause un pénible et ennuyeux travail aux étrangers qui veulent acquérir notre accent.

J'ai classé, autant que possible, les sons de l'*è* ouvert en trois catégories :

L'*è ouvert commun,* désigné par l'accent ordinaire : *père, mère,* etc.

L'*ĕ ouvert grave,* désigné par le signe : *cĕs, mĕs, tĕs.*

L'*ê très-ouvert,* désigné par l'accent circonflexe : *évêque, crête,*

1.

De ces trois catégories, bien arrêtées par ces signes, on arrive plus facilement aux subdivisions.

Pour émettre le son de l'*è* ouvert, il ne faut qu'ouvrir la bouche :

Simplement d'abord pour l'*è* ouvert commun,

Davantage pour l'*è̃* ouvert grave,

Et le plus possible pour l'*é̃* très-ouvert.

1re CATÉGORIE.

DU SON è OUVERT COMMUN.

Exercices sur l'è ouvert commun.

Au commencement des mots, l'*è* est ouvert commun, quand il est suivi de deux consonnes différentes :

Èrgot, èstropier, èxcuser, èxposer, etc.

Remarque : l'*e* est fermé quand il est suivi de deux consonnes semblables : *éffacer, énnemi,* etc., etc., à moins que les deux consonnes ne soient des *r* ou des *l,* car alors la vibration et la double sommo-linguale exigent que l'*e* soit ouvert commun : *èrreur, èlle,* etc.

Ai, au commencement des mots, suivi d'une consonne et d'un *e* muet, a le son de l'*è* ouvert commun :

Aide, aile, etc., etc.; dans *air, ai* a le même son.

Dans les autres cas, *ai,* initial a le son de *é* fermé :

Aider, aimer, aigu, airain, aisément, etc.

Le *h* est muet et l'*è* est ouvert commun dans *herbe, Hercule, hermine, helléniste, hectolitre, hermétique, hexamètre, hernie, herse,* etc.

Au milieu des mots, tous les *è* qui ont l'accent grave sont *è* ouverts communs. Les *è* qui ont l'accent grave sont ceux qui terminent une syllabe et qui sont suivis d'une consonne et d'un *e* muet : *complète, père, mère, flèche, siècle.* Maintenant, on excepte de cette règle les mots : *nèfle, trèfle, Phèdre, cèdre, Grèce, lèpre, mètre, décimètre, hexamètre,* où l'*é* a le son de l'*ë* ouvert grave.

Remarque. Pêle-mêle, même, pêne, quoique ayant l'accent circonflexe, ont, dans la prononciation, par l'usage fréquent que l'on fait de ces mots, le son de l'*è* ouvert commun.

L'*e* est ouvert commun quand il fait partie d'une syllabe dans laquelle la consonne qui le suit se prononce : *fer, hiver, hier, fier, cet, net, hec, grec, autel, ariel, quel, Abel, bel, chef, bref, nef, grief, amen, hymen* (dans la poésie moderne, on est obligé souvent de prononcer *hymain*, par respect pour la rime), *Esther, Jupiter, enfer, Lucifer, éther, pater, noster, ver, vers, vert, verts, débet, tacet, Suez, Rodez, Jorez, Lopez,* etc., etc.

L'*e* suivi de deux consonnes semblables et d'un *e* muet est ouvert commun : la *mienne*, la *tienne*, la *sienne, assiette, miette, belle, quelle, querelle, hôtesse, politesse,* etc., etc. Il a le même son quand il est suivi de deux consonnes différentes dont la dernière n'est ni *l* ni *z : nectar, Hector, réflexion, génuflexion,* etc., etc.

Ai, précédé d'une consonne, a le son de *è* dans les mots *raisin, raifort, vairon, clairon, glaive, blaireau, prairie,* etc.

Remarque. Dans les verbes *baisser, baiser, laisser, baigner, dédaigner* et *saigner, ai* n'est ouvert commun que quand il est suivi d'une consonne et de *e, es,* ou *ent*, comme dans je *baisse*, il *baise*, il *laisse*, il *baigne*, il *dédaigne*, ils saignent, ils *daignent*, etc., etc.

Dans tous les autres cas, *ai* a le son de l'*é* fermé : nous *baissons*, nous *laissons*, vous *saignez*, etc., etc.

Ai a le son de l'*è* dans les mots en *aire*, en *aise* et en *aison :*

Mots en aine et en eine.

Porcelaine, mitaine, fredaine, pretantaine, vilaine, be- aaine, saine, capitaine, fontaine, dizaine, centaine, peine, veine, etc.

Mots en aire.

Maire, chaire, notaire, solitaire, libraire, testamentaire, salaire, précaire, agraire, épistolaire, vicaire, auxiliaire, ovaire et *cinéraire, faire, plaire, taire*, et autres infinitifs en *aire*.

Mots en aison.

Raison, livraison, saison, maison, inclinaison, liaison, oraison, venaison, etc.

Ei a le même son dans *beignet, monseigneur, seize* et *treize*.

II· CATÉGORIE.

DE L'è OUVERT GRAVE.

Exercices sur l'è ouvert grave.

L'*è* est ouvert grave dans *mes, tes, ses, ces, les, des*, et dans tu *es*, il *est*. Nous avons vu que l'*è* ouvert commun a le son ouvert grave dans les mots en *èfle*, *nèfle*, *trèfle*, et dans *Phèdre*, *cèdre*, *algèbre*.

Dans *grêle*, *rêne*, *gêne*, *frêne* et *chêne*, l'*ê* circonflexe se prononce comme un *è* ouvert grave.

Les terminaisons ai, *aie*, *ais*, *ait* et *aient* des verbes ; *aise*, *et*, *ès*, et *ey*, ont le son de l'*ë* ouvert grave :

Mots en ai.

Etai, *déblai*, *délai*, *essai*, *balai*, *vrai*, *mai*, frère *lai*, cheval, *bai*, *minerai*, *Tournai*, *Tokai*.

Excepté *gai*, qui se prononce *gué*.

Mots en aie.

Plaie, *baie*, *claie*, *paie*, *monnaie*, *vraie*, *ivraie*, *craie*, *laie*, *raie* et *taie*.

Mots en ais.

Rabelais, *jais*, *dadais*, *laquais*, *marais*, *mais*, *jamais*, *désormais*, *panais*, *palais*, *liais*, *relais*, *frais*, *mauvais*, *biais*, *Français*, *Anglais*, *ouais!* je *savais*, tu *savais*, je *ferais*; tu *ferais*, et tous les mots en *ais*, excepté : je *sais*, tu *sais*, il *sait*, et qu'il *ait*, qui se prononcent, comme je l'ai déjà dit, je *sé*, tu *sé*, il *sé*, qu'il *é*.

Mots en ait. Substantifs.

Fait, *souhait*, *forfait*, *bienfait*, *trait*, *retrait*, *portrait*, *soustrait*.

Mots en ait et en aient. Verbes.

Il *avait*, ils *avaient*, il *aurait*, ils *auraient*, il *savait*, ils *sauraient*, il *ferait*, ils *feraient*, etc., etc. Il en est de même de toutes les troisièmes personnes du singulier et du pluriel des verbes qui ont cette terminaison.

Mots en aise.

Falaise, Nicaise, glaise, braise, chaise, aise, niaise, cymaise, fraise, mortaise, fadaise.

Mots en eine.

Reine, Seine.

Mots en et.

Ballet, banquet, objet, sujet, baudet, coquet, caquet, poignet, cadet, guet, maillet, juillet. Les mots *cet* et *net* n'ont pas dû être placés ici, parce que, comme je l'ai expliqué à l'*è ouvert commun*, toutes les fois que *e* est suivi d'une consonne qui se prononce, il a le son de *è*.

Mots en ès.

Dès, près, après, profès, progrès, congrès, succès, abcès, décès, accès, excès, procès, très, grès, cyprès.

Dans *aloès, Thalès, Damoclès*, et autres noms propres en *ès*, l'*e* conserve le son de l'*è* ouvert grave, mais le *s* se fait entendre.

Mots en ey.

Ferney, Sidney, dey, bey, Jersey, Guernesey.

Le son de l'*è* ouvert grave a lieu aussi dans *laid, faix* et *paix.*

IIIᵉ CATÉGORIE.

DE L'Ê TRÈS-OUVERT.

Je donne à cet *ê*, non le sens orthographique vulgairement adopté, mais le sens euphonique que lui attribuaient

les anciens ; c'est-à-dire la représentation du son bas et
élevé en même temps. En effet, dans *tempête, faîte*, le son
est plus bas, plus grave, et, malgré cela, autant en dehors que
dans les sons ouverts de *procès, excès*. Pour bien prononcer
l'*é* très-ouvert, il faut donc ouvrir la bouche de même que
pour l'*è* ouvert grave, mais la laisser ouverte plus longtemps
et rendre le son un peu guttural.

Exercices sur l'ê très-ouvert.

Dans *haine* et la *haire*, le *h* est aspiré, et *ai* se prononce
comme un *é* très-ouvert.

Au milieu des mots, *aî* a le son de l'*é* très-ouvert dans
maître, traître; et dans les verbes en *aître*, comme *naître,
paître, connaître, paraître*; à tous les temps et à toutes les
personnes où l'*î* est circonflexe.

É est très-ouvert dans les mots en *éche*, en *éle*, en *éme*,
en *épe*, en *épres*, en *éque*, en *éte*, en *être*, et en *êt* :

Mots en éche.

Créche, dréche, péche, la *péche, dépéche, Campéche* et
préche.

Remarque. Cette règle ne s'applique qu'aux mots *éche*,
car dans *bécher*, il *préchait*, je *péchais*, l'*é* circonflexe a le
son de l'*é* fermé.

Mots en éle.

Il n'y a que *véle* et *béle*.

Mots en éme.

*Polyphéme, Bohéme, bléme, supréme, extréme, caremé
créme*, le *saint chréme*.

Anathème et *thème*, quoique ayant accent grave, ont l'*è*
très-ouvert dans la prononciation.

Mots en épe et en ép es.

Il n'y a que *guêpe*, un *crêpe*, une *crêpe*.
Vêpres est le seul mot en *épres*.

Mots en éque.

Il n'y a qu'*évêque* et *archevêque*.

Mots en éte.

Bête, *tête*, je m'*apprête*, *crête*, *honnête*, *fête*, *arête*, *tempête*, *quête*, *conquête*.

Cependant il faut ajouter ici que les mots *honnête*, *tête*, *bête* et *arrête*, se prononcent souvent comme un *ê* ouvert grave, et ne conservent leur véritable son que dans la lecture à haute voix et dans le style soutenu.

Mots en être,

Prêtre, *salpêtre*, une *guêtre*, il s'*empêtre*, *Bicêtre*, *fenêtre*, *ancêtre*, *être*.

Mots en ét.

Benêt, *forêt*, *genêt*, *protêt*, *prêt*, *intérêt*, il est *prêt*.
Dans *rets* et *mets* l'*e* est très-ouvert.

————

L'Ö.

Pour bien prononcer cette voyelle aiguë, la bouche s'ouvre entièrement, la voix se lance vers l'extrémité du palais, près des dents supérieures; les lèvres seules ne bougent point.

Elles suivent le mouvement donné, sans quitter leur position naturelle : ŏ, ŏ, ŏ. A part cette différence labiale, la prononciation de l'ŏ et celle de l'ă sont identiques : même ouverture de bouche, même travail de voix, et même dissemblance dans le même signe : *a, păpă; a, pătre; o, côte; o, côte.*

Exercices sur l'ŏ aigu.

Au commencement des mots, l'ŏ aigu, soit seul comme dans ŏrăcle, soit joint à une consonne comme dans ŏbséder, est aigu et bref.

Exemples : ŏpérer, ŏpéră, ŏrătĕur, ŏbéir, ŏrgăne, ŏrdre, ŏrner, ŏrnement, etc., etc.

L'ŏ est aigu et le *h* est aspiré dans : hŏqueton, hŏchĕt, hŏquĕt, hŏrs, hŏrmis, hŏlă! hŏtte, hŏbereău, hŏmărd, hŏchepŏt; hŏrde, Hŏttentŏt et hŏnnir.

L'ŏ est aigu et bref, et le *h* est muet dans les noms propres : Hŏlŏpherne, Hŏrtense, Hŏrăce, Hŏmère, etc., et dans hŏstie, hŏlŏcaŭste, hŏrlŏge, hŏrlŏger, hŏrlŏgerie, hŏnneur, hŏmŏnyme, hŏmélie, hŏspitălité, hŏstilité, hŏrizon, hŏrticulture, hŏrtensia. L'o de *hôpital*, quoique marqué d'un accent circonflexe, est aigu et bref dans la prononciation.

Au milieu des mots, l'ŏ est aigu quand il termine une syllabe et qu'il n'est pas suivi de la sifflante douce *s*.

Exemple : adŏ-lescent, cŏcŏ-tte, cŏmmŏ-de, mariŏ-nnette, nŏ-minăl, créŏ-le, cŏ-lŏ-rer, ăvŏ-căt, nŏ-tre, vŏ-tre, etc., etc.

O est aigu dans les mots en *osse*, excepté dans *fôsse* et *grôsse*.

Exemples : bŏsse, brŏsse, carrŏsse, mŏlŏsse, cŏlŏsse, rŏsse, Écŏsse, etc.

Ŏt est aigu et le *t* se fait entendre dans *dŏt* et dans *sŏt*.

Ce dernier mot ne s'emploie ainsi que dans le style familier.

Lorsque le *c* de *ŏc* se fait entendre, la voyelle est aiguë : *rŏc, chŏc, et hŏc*.

Il en est de même dans le mot *cŏq* ; seulement on ne prononce pas le *q* dans coq d'Inde : *cŏ-d'Inde*. Il n'y a que deux mots qui, en français, se terminent par un *q* : *cinq* et *cŏq*.

A la fin des mots, l'o n'est jamais aigu, il est toujours grave.

Nous renvoyons à la page 31 pour la prononciation de l'o grave. Et nous allons, en parlant de l'*a*, entrer dans tous les détails nécessaires à l'intelligence des difficultés euphoniques de cette voyelle.

***

L'ă, L'ā.

Dans notre langue, comme la voyelle *o*, la voyelle *a* est le signe de deux prononciations distinctes, tout à fait en opposition l'une de l'autre. L'*ă* que l'on entend dans *là* (adverbe), est aigu et bref ; et l'*ā* que l'on prononce dans *las* (fatigué) est, au contraire, très-long et très-grave.

De là, ressortent naturellement deux manières d'émettre les sons de ce même signe.

Pour faire entendre l'*ă* aigu, il faut, en articulant les lèvres sur elles-mêmes, ouvrir la bouche, de sorte que l'air,

ayant son libre cours, vienne frapper, près des dents supérieures, le haut du palais : *là, là.* Ce mouvement, bien fait,
donne à l'*ă* un son clair, bref et aigu.

Pour l'*ā* grave, au contraire, le son doit frapper le palais
au fond de la bouche, près de la racine de la langue ; il est
presque guttural. La bouche doit être grande ouverte, mais
les lèvres ne doivent pas abandonner leur position ordinaire,
naturelle : *lā, lā.*

Sans cette explication, que l'on ne donne dans aucune
grammaire, la voyelle *a* est presque inintelligible aux Méri-
dionaux et aux étrangers qui étudient notre prononciation ;
on se contente de dire (lisez toutes les grammaires) : « L'*a*
est bref dans patte et long dans pâte. » Mais comment long ?
comment bref ? Le même son, dans les mots, peut être indif-
féremment long ou bref sans changer d'émission ? *Nous de-
mandâmes des dattes,* par exemple : dans ces mots il y a
deux *a*, et ils sont aigus quoique longs ? — On se tait alors,
on n'explique rien. Ne sachant comment faire, ne voyant
que le même signe *a*, on prononce, au hasard, long ou bref,
mais en prenant toujours pour point de départ l'émission
de l'*ă* aigu ; fausse émission pour l'*ā* grave, et dont on se
sert presque toujours par ignorance du vrai principe. C'est
tout simple, il ne peut venir, même à l'écolier le plus intelligent, si on ne le lui dit pas, la pensée qu'un même signe
en représente deux, que ce signe a deux manières de se prononcer, qu'il commande deux différentes émissions de voix.
Ce sont des difficultés auxquelles on ne s'attache pas, faute
de les comprendre, et qui sont la source de toutes les mau-
vaises prononciations.

Le son est-il bref, comme dans *pălte,* ouvrez la bouche,
rappelez les lèvres, que l'air aille bien frapper au haut

du palais, et vous êtes sûr que votre voyelle sera bien articulée.

Le son *ā*, au contraire, est-il long comme dans *pāte*, oh ! alors, vous n'hésitez plus, vous savez ce que vous avez à faire pour obtenir un son grave et long : vous ouvrez la bouche, vous forcez votre voix à frapper le palais près de la racine de la langue, d'une manière gutturale, et vous faites entendre le vrai son de l'*a* grave ; *ā, ā*; et plus vous voulez lui donner de gravité, plus vous devez rapprocher le son de la gorge et le faire descendre : *ā, ā*. Comme, tout à l'opposé, plus vous voulez obtenir un son bref, clair, pour l'*a* aigu, plus vous ouvrez la bouche, plus vous retirez les lèvres, et plus enfin vous lancez la voix près des dents supérieures : *ă, ă, ă*.

Avec l'explication que je viens de donner, je regarde comme très-utile encore, et surtout pour les étrangers, de présenter ici un tableau exact des sons graves ou aigus, brefs ou longs, de la voyelle *a*. Ce travail consciencieux pourra servir aussi de règle certaine à tous les écrivains et grammairiens qui s'occupent de la langue française.

*Exercices sur l'*ă *aigu.*

L'*ă*, au commencement des mots, est aigu, clair et bref. Exemples : *ămusement, ăgrément, ăjustement, ăgréable-ment, ăllant, ălors, ăbandonnant*, etc., etc.

Cette règle n'a pour exception que les huit mots *ā, āh! āge, āne, āme, ās, ācre, āpre*, et leurs dérivés.

Le *h* est nul et l'*ă* reste toujours aigu dans les six mots : *hăbiter, hăbituer, hăbit, hămeçon, hăbile, hărmonie*.

La prononciation, de même que l'orthographe des dérivés et des composés, suivant toujours celle des mots primitifs, il en résulte clairement qu'on prononcera l'*ă* de *réhăbiliter* comme celui d'*hăbile*, et celui de *hărmonieux* comme celui d'*hărmonie.*

Dans la liste suivante, quoique le *h* soit aspiré, l'*ă* y conserve le son aigu.

Cette liste comprend :

L'INTERJECTION : *hă !*

LES SUBSTANTIFS : { *hăche, hăchis, hămac, hămeau, hănneton hŭlle, hăllebărde, hărdes, hăreng, hăricots, hărpon, hărpe, hărangue, hăquenée, hăridelle, hărnais.*

LES ADJECTIFS : *hăgard, hărgneux, hărdi.*

LES VERBES : { *hăïr, hăpper, hărasser, hărceler, hăsarder,* à tous les temps et à toutes les personnes.

Les deux mots *hălte, hăro.*

Le verbe *hennir* se prononce comme *ha* aspiré, *hanir*; nous allons bientôt voir pourquoi.

L'*a*, au milieu des mots, est ordinairement bref.

Exemples : *agréăble, élégămment, quătre, ăbăttre, animădversion, bavardăge, déclărer, amărrer, compărer,* etc., etc.

Les exceptions à cette grande règle se trouvent presque toutes indiquées dans l'exercice sur l'*ā* grave au milieu des mots.

Remarques. La voyelle *e* se prononce comme un *ă* aigu dans les mots où le *e* est suivi des deux consonnes *m* ou *n.* *Fĕmme, indĕmnité, nĕnni, solĕnnel, ardĕmment, apparĕmment,* etc., etc. Ainsi, dans *ardĕmment,* on doit entendre deux fois le son de *ă* : *ăr-dă,* et, dans *apparĕmment,* trois fois : *ă-pă-ră.*

Voilà pourquoi *hennir* se prononce *hănir ;* c'est que l'*e* est suivi de deux *n.*

D'après ces règles établies, *ă* est bref au commencement des mots, *ă* est bref au milieu des mots, et *e* se prononce *ă* avant deux *m* ou deux *n.*

On voit ces trois cas réunis dans *apparemment.*

Au commencement des mots : *ă* aigu. . . . . *ăp*

Au milieu des mots : *ă* aigu. . . . . *pă*

E avant deux *m* se prononce *ă* aigu. . . . . *rĕmmĕnt.*

Par la règle ci-dessus, *Rouennais* (de Rouen) et *Caennais* (de Caen) se prononcent *Rou-ă-nais, Cănais.*

Les deux voyelles *ao* ont le son de l'*ă* aigu dans le féminin de *paon, paonne-păne, faon, faonne-făne.*

Dans tous les mots où l'*y* est placé entre deux voyelles, il équivaut à deux *i ;* le premier de ces *i* se prononce comme *ă* aigu ; et le second, *i ;* c'est ce qui a lieu dans *royal, royauté, rŏ-ă-ial, rŏ-ă-iauté ;* dans *loyal, lŏ-ă-ial ; noyau, nŏ-ă-iau ; moyen, Troyen, mŏ-ă-ien, Trŏ-ă-ien ;* dans toutes les personnes des verbes quand l'*y* s'y trouve précédé de *o : nous voyons, vous voyez,* nous *vŏ-ă-ions,* vous *vŏ-ă-iez ; je voyais, tu voyais,* etc.

Ai se prononce *ă* dans *douăire, douăirière.*

Oi se prononce *ŏ-ă* dans *foison, oiseau, moi, toi, soi, loi, roi, foi,* etc., etc., *fŏ-ă-zon, ŏ-ă-zeau, mŏ-ă, tŏ-ă, sŏ-ă, lŏ-ă, rŏ-ă, fŏ-ă.*

A la fin des mots, l'*ă* est aigu. Exemples : *Galbă, Numă, Jaffă, opéră,* etc., etc.

Il en est de même dans les mots *là, voilà, çà, deçà, delà, déjà,* et dans l'expression *oui-dà.*

A la fin des mots, *ha* se prononce *ă* dans *brouhăhă, căhin-căhă,* et dans *ipécăcuănhă ; ah* se prononce *ă* dans

Jéhovăh, Allăh, et dans *pouăh! ăch* dans *ălmănăh, ac*
dans *tăbac* et *estŏmăc,* et *acs* dans *lăcs* (piége), se prononce
aussi *ă* aigu.

La terminaison *at,* excepté dans *măt, băt, dégăt, climăt*
et *appăt,* a toujours la prononciation de l'*ă* aigu :

*Avocăt, apostăt, seringăt, orgeăt, rosăt, muscăt, cérăt,
magistrăt, candidăt, consulăt, décemvirăt, élăt, soldăt,
résultăt, forçăt,* etc.

La terminaison *oix* n'a que six mots; cinq se prononcent
o-a, croix, poix, voix, choix, Foix, *cro-ă, po-ă, vo-ă, cho-ă,
Fo-ă,* et le sixième, noix, se prononce *nou-ă.*

Froid et *doigt* se prononcent *fro-ă* et *doă.*

Les mots en *ois, minois, carquois, gravois, anchois, tapi-
nois, fois, Hongrois,* se prononcent aussi *ŏ-ă.*

Remarque importante pour tout le monde.

L'accent circonflexe qui se trouve dans les cinq mille
verbes de la première conjugaison, à la première et à la
deuxième personne du pluriel du passé défini, nous *allâmes,*
vous *allâtes,* etc., et à la troisième personne du singulier de
l'imparfait du subjonctif, qu'il *allât,* etc., n'influe en rien
sur la prononciation de cette voyelle, qui reste toujours
aiguë et claire.

La distance vocale du son aigu au son grave doit être, à
peu près, d'une quinte.

Exercices sur l'ā grave.

Au commencement des mots, l'*ā* n'est grave que dans *ā,
āh, ās, āne, ānon, ānier, ānesse,* et dans *āge, āme, ācre,
ācreté, āpre, āprement, āpreté.*

L'*ā* est encore grave dans *hāve* et *hāvre.*

Au milieu des mots, l'*ā* n'est grave que dans les substantifs *hābleur, bāillon, hāillon, bātard, bāton, chāsse, chāssis, chāteau, gāteau, grāce, māchoire, māle, mānes, mātin* (chien), *Pāris* (nom d'homme), *pāque à pāques, pāte, pātre, emplātre, tāche, relāche, crāne, crābe, diāble, fāble, sāble, cāble* et *mirācle; théātre* et tous les mots en *ātre, bleuātre, blanchātre;* et en *adre, cādre,* etc.

Il n'y a qu'une exception pour les finales en *adre:* c'est le mot *lādre,* qui est bref ainsi que ses dérivés.

L'*ā* est grave dans les adjectifs *infāme, rāre, hātif, affāble;*

Dans les verbes *hāter, hāle, hābler, bācler, bāiller, bātir, blāmer, lācer, idolātrer, délābrer, sābrer, encādrer, se fācher, chātier, gāter, tācher, relācher, tāter, rāler, rāfler, rācler, gācher, gāgner, mācher, rabācher,* à tous les temps et à toutes les personnes;

Dans tous les mots où l'*ā* est suivi de *tion* ou de *sion:*

Déclamātion, invocātion, nātion, exécrātion, explicātion, divagātion, navigātion, rātion, vexātion, incarcérātion, affectātion, admonestātion, fluctuātion, évacuātion, équitātion, natātion, prononciātion, organisātion, invāsion occāsion, etc., etc.

A la fin des mots, l'*ā* grave n'a lieu que dans les cinq mots en *āt: bāt, māt, climāt, dégāt, appāt;* dans les mots en *as : ās, fatrās, galetās, coutelās, repās, chasselās, damās, frimās, lilās, platrās, bās, lās, cās, tās, ananās, appās, trépās, cancvās, amās, échalās, galimatiās,* etc., e*t* dans tous les noms propres en *ās : Nicolās, Thomās, Judās,* etc.

Pois, bois, noix, trois, se prononcent *pou-ā, bou-ā, nou-ā* et *trŏ-ā.*

L'ă aigu est toujours bref, l'ā grave est toujours long, mais l'ă aigu devient long sans rien changer à son émission, et l'ā grave, quoique déjà long, se prolonge davantage quand ces deux *a*, aigu ou grave, sont suivis d'une syllabe féminine. Exemples : *Dăme, āme ; ăbăttre, mulātre ; băllc, māle.*

Je crois, qu'expliquées ainsi, les émissions différentes de cette voyelle ne peuvent plus présenter d'équivoques.

TROISIÈME LEÇON.

VOYELLES NASALES.

in, an, un, on.

On appelle nasales les quatre voyelles *in, an, un, on*, parce qu'il faut, pour les bien prononcer, que l'air, en s'échappant de la poitrine, passe par le nez.

Pour les deux voyelles nasales *in, an*, ne craignez jamais d'ouvrir trop la bouche; plus vous l'ouvrirez, mieux vous prononcerez. Si vous laissez votre bouche fermée ou seulement entr'ouverte en les articulant, vous rendez ces voyelles ourdes, gutturales, inintelligibles ; il sera impossible de vous comprendre ; vous serez persuadé d'avoir émis le son *an*, et ce sera *on* ou *un* que l'on aura entendu, et encore très-confusément. Les deux autres voyelles nasales *un* et *on* sont fermées.

Ces voyelles nasales, qui ne sont ni trop sonores ni trop agréables quand on les énonce bien, deviennent des sons rauques, révoltants pour toute oreille sensible, lorsqu'on néglige de les articuler comme il faut.

Je ne puis trop recommander d'y apporter une très-grande attention ; comme aussi je ne puis trop prévenir, contre ces émissions nasales, les personnes du midi de la France : Marseillais, Bordelais, Toulousains ; ainsi que les étrangers : Italiens, Espagnols, etc. Ce n'est jamais *in*, *on*, *an* qu'ils font entendre en parlant, mais toujours *i-ne*, *ŏne*, *ă-ne*.

in, cin.

Lancez bien la voix, le plus en dehors possible ; ouvrez la bouche vivement, reculez en même temps les lèvres, et l'émission sera bonne :

Fin, bien, lin, hein.

an et en.

Grande ouverture de bouche pour cette voyelle ; seulement les lèvres ne doivent pas bouger, et la voix ne doit pas être poussée autant en dehors que pour *in* : *en, entendant.*

un.

Les lèvres s'avancent, mais la bouche s'ouvre moins pour cette voyelle que pour les deux précédentes : *un*, chac*un*, import*un*.

on.

Enfin, pour bien prononcer cette dernière voyelle nasale, il faut que les lèvres s'allongent beaucoup plus que pour *un*, et que la bouche se resserre un peu, en faisant l'entonnoir, *bon, bon, long, front.*

Am, ean, em, en, un, ain, ein, eon, um, eun, ne sont toujours que les diverses représensations des quatre voyelles nasales que j'ai indiquées.

in.	**im.** **ei** **aim.** **ain.**	que l'on prononce *in.*	*Joachim.* *Dessein.* *Faim.* *Sain.*
an.	**em.** **am.** **ean.** **en.** **aon.**	que l'on prononce *an.*	*Empereur.* *Ambassadeur.* *Jean.* *Ingrédient.* *Laon, paon.*
un.	**um.** **eun.**	que l'on prononce *un.*	*Parfum.* *Jeun.*
on.	**eon.**	que l'on prononce *on.*	*plongeon, pigeon.*

QUATRIÈME LEÇON.

VOYELLES LABIALES.

e, cŭ, ō, cū, ou, u, û.

La manière dont je classe les voyelles abrége considérablement le travail, et le rend excessivement facile à toutes les intelligences. En effet, dire : *Voyelles ouvertes,* c'est, tout de suite, faire savoir qu'il ne faut qu'ouvrir la bouche pour les bien prononcer ; dire : *Voyelles nasales*, c'est indiquer en les nommant, la route que la voix doit suivre ; et dire · *Voyelles labiales*, c'est, d'un seul mot, faire comprendre que l'émission de ces voyelles ne peut être parfaite si elles n'ont les lèvres pour auxiliaires.

L'**e** MUET.

L'*e* muet exige que la bouche soit plus ouverte qu'elle ne doit l'être pour l'articulation de l'*é* fermé ; car, malgré sa dénomination, l'*e* muet ne l'est pas du tout quand on le prononce ; il n'est muet ou nul que lorsqu'on le supprime, comme dans le corps des mots et à la terminaison de toutes les finales féminines.

EXEMPLE :

Aux petits des oiseaux il donne la pâture,
Et sa bonté s'étend sur toute la nature.

RACINE.

que l'on doit prononcer ainsi :

    Aux petits des oiseaux il donn' là pâtur'
    Et sa bonté s'étend sur tout' la nätur'.

Dans le corps des mots, et dans toutes les finales féminines, l'*e* est donc nul et n'a point d'articulation qui lui soit propre ; les consonnes seules sont entendues. Pour bien émettre le son de cette voyelle, il faut ouvrir la bouche et avancer un peu les lèvres : *e, eü*. Le son de l'*e* muet est sensiblement guttural et se rapproche beaucoup du son aigu *eü* : *je jeûne, se, seûle.*

Exercices sur l'e muet.

Au commencement des mots, il n'y a point d'*e* muet.

Au milieu des mots, comme je l'ai déjà expliqué plus

haut, l'*e* muet est nul quand il est seul : *vivement*, *copieusement*, *militairement*, se prononcent *viv'ment*, *copieus'ment*, *militair'ment*, etc.

La règle grammaticale dit avec raison qu'il ne peut y avoir deux *e* muets de suite dans notre prononciation ; donc, dans le corps des mots qui ont deux *e* muets, il faut en articuler un ; presque toujours le premier : *revenir*, *devenir*, etc., doivent se prononcer, *rĕv'nir*, *dĕv'nir*.

Et lorsqu'il se trouve une phrase composée de deux, de trois, de quatre ou de cinq *e* muets de suite, il faut toujours prendre pour règle celle que je viens de citer, et ne faire entendre qu'un *e* muet sur deux, en commençant ordinairement par le premier. Exemples : *de ce que je désire*, doit se prononcer ainsi : *dĕ c' quĕ j' dĕsir'*.

Remarque. Quoique l'*é* de *désir* soit marqué d'un accent aigu, il doit être prononcé comme un *e* muet : l'usage le veut.

Enfin, lorsque deux *e* muets terminent un mot, il faut que le premier *e* muet perde son mutisme et qu'il se fasse entendre comme un *e* ouvert commun. Exemples : *demoiselle*, *bagatelle*, *péronnelle*, *flanelle*, *sentinelle*, *appelle*, etc., etc., doivent se prononcer : *péronnèlle*, *flanèlle*, *sentinèlle*, *appèlle*, etc., etc.

A la fin des mots, verbes, substantifs, ou adjectifs (excepté dans les monosyllabes *lĕ*, *mĕ*, *tĕ*, *cĕ*, *quĕ*, etc., où les *é* doivent être entendus), l'*e* muet ne se prononce jamais ; il est toujours nul, et sa voyelle pénultième, qu'elle soit aiguë ou grave, demeure toujours longue.

Exemples : *date*, *grâce*, *absence*, *agréable*, etc., etc., se prononcent *dăt'*, *grâc'*, *absĕnc'*, *agréăbl'*, etc.

C'est une règle que les étrangers doivent observer bien

2.

rigoureusement, s'ils veulent acquérir une bonne prononciation française.

Il est important de consigner ici une observation sur la prononciation de l'*e* muet à l'impératif. Beaucoup de grammairiens, de savants, ont écrit qu'il ne fallait point faire entendre l'*e* muet quand l'impératif était masculin. Par exemple, dans : *permettez-le-moi, voyez-le, enseignez-le-lui*, ils exigent la suppression de l'*e* muet, et font dire : *promettez-l'-moi, voyez-l', enseignez-l'-lui*. C'est une erreur, une grande erreur. En bonne prosodie, il faut prononcer : *promettez-lĕ-moi, voyez-lĕ, enseignez-lĕ-lui*, et appuyer sur l'*e* muet, comme dans les impératifs féminins : *dites-lĕ-lui, faites-lĕ bien*.

Nous n'avons d'exception à cette règle, maintenant générale, que dans quelques vers de nos anciens poëtes, où la nécessité d'éviter un hiatus et de conserver l'harmonie du vers nous force à élider l'*e* muet.

Exemple : *Rendez-l' à mon amour, à mon vain désespoir.* (VOLTAIRE.)

Ne confondez pas le son aigu *ĕu* avec le son grave fermé *eù*, celui que l'on entend dans *jeûne* (privation) et dans *jeux, eux, œufs*.

Dans le chant, tous les *e* muets doivent avoir le son *eù* indiqué ci-dessus. Vouloir faire autrement, et ne point les prononcer, c'est, incontestablement, ôter beaucoup à l'harmonie. De plus, ces élisions de l'*e* muet forcent le chanteur à dénaturer les phrases mélodiques ; ce qui ne peut être approuvé par les gens de goût, et encore moins par les compositeurs. Il faut suivre la méthode des Grecs, qui, en chantant, font toujours l'*e* muet sonore.

Dans nous *faisons*, je *faisais*, tu *faisais*, il *faisait*, nous *faisions*, vous *faisiez*, ils *faisaient*, et au participe présent *faisant*, *ai* a le son de l'*e* muet.

L'eŭ AIGU.

Comme je viens de vous le dire, le son *eŭ* aigu a beaucoup de ressemblance avec celui de l'*e* muet. Il faut de même ouvrir la bouche, allonger légèrement les lèvres; le son *eŭ* est un peu moins guttural et un peu plus aigu, voilà tout; mais c'est une très-légère différence : *Jeŭne, seŭle, aïeŭle.*

o GRAVE.

Pour l'ŏ grave, c'est tout une autre formation que pour l'ŏ aigu.

L'ŏ aigu, c'est l'*ŭ* aigu, à une très-légère dissonnance près; je l'ai déjà dit plus haut. Il y faut la même position de la bouche, le même moyen de lancer la voix. Mais, pour l'ŏ grave, au contraire, rapprochez les dents, allongez les lèvres bien en dehors, resserrez-en les coins, de sorte que le dessin de la bouche, en cette position, représente tout à fait un petit rond, un *o* : *hôte, côte, faûte.*

Exercices sur l'o grave.

Au commencement des mots, l'o est grave quand il est couronné de l'accent circonflexe, ce qui n'a lieu que dans le verbe *ôter* à tous les temps et à toutes les personnes : j'ôte, j'ôtais, j'ôterai, etc.

Il est grave quand il termine une syllabe et qu'il est suivi de la sifflante douce *s*, commençant une autre syllabe; exemple : *ôser.*

L'ŏ est long et le *h* est muet dans *hôte, hôtesse, hôtel, hôtellerie.*

Remarques. Au commencement des mots, *au* se prononce comme un *ŏ* grave dans : *aŭge, aŭbade, aŭdience, aŭguste, aŭcun, aŭtre, aŭprès, aŭtour, aŭgure, aŭbin, aŭbaine, aŭbe, aŭbépine, aŭbier, aŭssi, aŭdacieux, aŭditoire, aŭdition, aŭjourd'hui, aŭmŏne, aŭnăge, aŭparavant, aŭlique, aŭtan, aŭtant, aŭteur, aŭtruche, aŭtŏ-dă-fé, aŭvent, aŭtrui, aŭtrefois, aŭtrement, aŭ, aŭx.*

Sont exceptés les mots : *aŭgmenter, aŭgmentation, aŭrore, aŭréole, aŭriculaire, aŭstral, aŭstérités, aŭstĕre, aŭtel, aŭthenticité, aŭthentique, aŭtŏcratie, aŭtŏcéphăle, aŭtŏcrătŏr, aŭtŏgrăphe, aŭtŏmne, aŭtopsie, aŭtŏrisătion, aŭtŏrité, aŭxiliaire,* lesquels mots se prononcent toujours avec le son de l'*o* aigu.

Heau, dans *heaumerie, heaume,* se prononce *ŏ.*

Hau, au commencement des mots, se prononce toujours comme un *ŏ* grave. Les voici tous : *hāut, hāutement, hāuteur, hāutain, hāutaine, hāubert, hāubans, hāntesse, hāusse-col, hāusser, hāut-bois.*

Au milieu des mots, l'*ŏ* est toujours grave quand il est circonflexe : *rŏle, atŏme, pŏle, dŏme, malcŏme, trŏne, Ancŏne, nŏtre, vŏtre,* etc.

Il en est de même dans les mots en *ome,* en *ole* et en *one : amazŏne, tŏme, cŏne,* etc.

O est grave dans les mots en *otion : émŏtion, pŏtion, dévŏtion,* etc.

Dans *peāussier, épeāutre, Beāune, eau* se prononce *ŏ.*

L'*o* est toujours grave quand il termine une syllabe et qu'il est suivi de la sifflante douce *s* commençant une autre syllabe.

Exemples : *pŏ-ser, rŏ-se, rŏ-sier, gŏ-sier, ex-plŏ-sion,* etc., etc.

Au, au milieu des mots, a le son de *ŏ.* Cette règle est presque sans exception, et s'applique à un très-grand nombre de mots ; en voici quelques-uns : *băudet, băudrier, păuvre, săumon, săule, găuffre, găule, băume, Guil-lăume,* etc., etc.

Les exceptions sont : *lăurier, Lăure, Dufăure, măuvais ;* et dans les temps des verbes *avoir, savoir :* j'*aurai,* tu *auras,* je *saurai,* tu *sauras,* etc., etc.

O est grave dans *fŏsse, grŏsse, Sărrăgŏsse ;* dans les autres mots en *osse* il est aigu.

A la fin des mots, la voyelle *ŏ* est toujours grave.

Il n'y a guère de cette sorte que des noms propres : *Abdé-ragŏ, Iŏ, Sanchŏ, Cliŏ, Riegŏ,* etc., etc. ; des noms de lieux, *Lugănŏ,* etc., et les mots suivants : *ex-abruptŏ, ab ovŏ, mémentŏ, musicŏ, numérŏ, adagiŏ, bravŏ, incognitŏ, cŏcŏ, indigŏ, cacaŏ, dominŏ,* et l'expression vulgaire *tout de gŏ.*

Il y a aussi le *Pŏ́* et *Saint-Lŏ́,* mais dans ces deux mots l'*ŏ́* porte accent circonflexe.

Les terminaisons *ŏt* et *ot* se prononcent *ŏ : silŏt, rŏt, aussitŏt, suppŏt, dépŏt, prévŏt, impŏt, mŏt, sŏt, marmŏt, abricŏt, billŏt, Jeannŏt, viellŏt, cŏquelicŏt, hŏchepŏt,* etc., etc.

La terminaison *oc* se prononce également *ŏ* lorsque le *c* ne se fait pas entendre : *crŏc, raccrŏc, accrŏc, brŏc.*

La terminaison *os* se prononce, comme les précédentes, *ō.* Voici presque tous les mots de cette sorte : *lŏtŏs, chăŏs, hérŏs, campŏs, dispŏs, dŏs, ŏs, grŏs, repŏs, clŏs ;* le *s* se fait entendre dans *Argŏs, Lesbŏs, Minŏs,* et dans les autres noms propres en *os.*

Aud se prononce *ŏ* dans *Căbillăud, Archambăud, Ber-tăud, Renăud, Grimăud, Arnăud, palăud ;* de même pour

auld : *La Rochefoucăuld ;* et pour *ault* : *Boursăult, Per-*
răult, Pigăult-Lebrun, Dessăult, l'Hérăult et *Girăult-*
Duvivier.

Ail fait, au pluriel, *aulx,* qu'on prononce *ŏ.*

Aut se prononce *ŏ* grave dans : *défăut, Quinăut, quar-*
tăut, artichăut, Thibăut, l'Escăut, levrăut, taïăut, săut,
Mirăut, hérăut, ainsi que dans *Brunehăut.*

Aux, à la fin des mots, se prononce de même *ŏ* grave :
les carmes *déchăux, Despréăux, făux, Clairvăux, Ronce-*
văux, la *chăux, Grandvăux* et le bon pays de *Căux.*

Nous avons vu que *au* est grave au commencement et au
milieu des mots ; il est de même quand il est final. Exemples : *préău, boyău, sarrău, pilău, gruău, aloyău, étău,*
tăbliău, fléău, noyău et le roi *Pétău.*

Le *x* qui forme le pluriel de ces noms n'en change point
la prononciation : *étaux, joyaux.*

Eaux et *eau* se prononcent toujours *ŏ :* les *gémeăux,* les
oiseăux, Meăux, Citeăux ; peău, cerveău, museău, oiseău,
moineău, panneău, tableău, anneău, arbrisseău, barreău,
bureău, chalumeău, lapereău, morceău, et autres mots en
eau et en *eaux.*

eū GRAVE.

Même travail d'articulation pour cette voyelle, à la différence que, comme le son de l'*eū* grave doit être plus sourd,
plus fermé que celui de l'*ŏ* grave, il faut en forcer et en
serrer davantage le mouvement. Poussez ferme les lèvres :
jeūne (abstinence), *œūfs, eūx, feūx, jeūx.*

ou.

Même position des lèvres, même force dans le mouvement
d'articulation. La différence du son *ou* d'avec les sons *ŏ, eŭ,*

eû, consiste en ce que la bouche doit faire entonnoir ; la voix, ainsi gênée dans son émission, vient se briser au milieu du palais, et ne peut sortir qu'avec une grande peine. *coucou, ou, loup, fou.*

u.

Toujours même allongement des lèvres, mais encore avec plus de force. Les joues doivent s'aplatir sur les dents, et la voix doit être lancée avec une très-grande vigueur, tout à fait à l'extrémité des lèvres : *hue! hurluberlu, lu.*

*Exercices sur l'*u.

Au commencement des mots, u se prononce u : *univers, Ulysse, Ulric, Uranie*, etc., etc.

Hu se prononce *u* dans *humérus, hurluberlu, hue*, on le *hue, huppé, Hugues, humer, humide, hurler, humain, hutte, huguenot, hure*, la *hune* et *huche*.

Le mot *eu*, participe du verbe avoir, se prononce *u* dans j'ai *eu*, tu as *eu*, etc.; dans j'*eus*, tu *eus*, il *eut*, et à tous les temps et à toutes les personnes de ce verbe où *eu* est initial : nous *eûmes*, vous *eûtes*, ils *eurent*, etc.

Au milieu des mots, u se prononce également u. *Jupiter, musique, statuaire, furie, duvet, allume*, etc.

Hu a ce même son dans *inhumer, exhumer*, verbes composés de *humer*, que nous avons vu plus haut. Il se prononce aussi *u* dans *posthume, rhume, rhumatisme, enrhumer*.

A la fin des mots, u se prononce toujours u : *cru, malôtru, inconnu*, etc. *Bru, tribu, glu, vertu*, sont les seuls mots féminins en *u*. Le son *u* s'écrie *ue* dans tous les autres substantifs et adjectifs féminins : *inconnue, rue, nue*, etc. *Hu* final n'a lieu que dans *Jéhu* et *copahu*.

Dans *cohue*, *hue* se prononce *u*; c'est le seul mot.

Us final se prononce *u* dans *talus, pus, jus, dessus, verjus, calus, chou cabus, plus* (pour *pas* ou *point*), *abus, camus, inclus, refus*. Lorsque le mot *plus* signifie *davantage*, on doit en faire entendre la sifflante *s*. Il en est de même dans *Vénus, Achéloüs*, et autres noms propres en *us*, et dans *agnus, castus, angelus, fétus, motus, quitus, rasibus, rébus*, donner en *sus, us*.

Ut dans *salut, affût, rebut, scorbut, tribut*, etc., a le son *u*. Le *t* sonne dans *brut, but, chut, luth, Ruth, ut*. Dans *flux* et *reflux* on n'entend que l'*u*. *Pollux* se prononce *Polluc-se*.

i.

C'est tout un autre système pour l'*i*. Rapprochez les dents, fermez la bouche, faites revenir les lèvres le plus que vous pourrez sur elles-mêmes, qu'elles viennent se coller aux dents ; et, en même temps, que les coins de la bouche s'écartent et s'enfoncent, pour ainsi dire, dans les joues, comme si elles voulaient les traverser pour atteindre jusqu'aux oreilles : *ici, midi, ivre, fini*.

*Exercices sur l'*i.

I, au commencement des mots, se prononce toujours *i; ici, idiŏme, image, idole, idée, ignorant, illégal, inévitable, immortel*, etc., etc. Quand l'*i* est suivi de deux consonnes dissemblables comme *mp, mb, nc, nd, nf, ng, nj, nl, nq, ns, nt, nv*, il se prononce nasalement *in; imprimer, imposer, implacable, imbroglio, incendie, indigo, infanterie, ingérer, injure, inquisition, insulte, intérêt, inventeur*, etc.

Sont exceptées les combinaisons des consonnes *nh*, *s* et *vr*, où l'*i* reprend sa prononciation naturelle *i : i-nhabiter, i-sraélite, i-vrogne*, etc., etc.

Remarques. Le *h* est aspiré dans *hibou, hideux, hiérar-chie, hisser, hie;* il est nul dans *histrion, histoire, hilarité, hier, hiver, hirondelle, Hippocrène, Hippomène, Hippo-crate,* et dans tous les mots qui viennent du grec ὕδωρ, *eau,* ὑπὸ, *sous* et ὑπὲρ, *sur;* tels sont *hydropisie, hypocrite, hyperbole.*

Dans *yeuse, yacht,* et dans les noms propres *Yves* et *Young, y* se prononce *i.*

I, au milieu des mots, se prononce *i : militaire, Goliath, affilier, dévideur, enfiler, enivrer, expirer,* etc.

Remarques. Dans le substantif *cahier* et dans les six verbes *envahir, trahir, ébahir, annihiler, prohiber, exhiber,* et dans leurs dérivés, *hi* se prononce *i* sans la moindre aspiration.

Dans *Moïse, Laïs,* l'*i* tréma se prononce comme l'*i* or-dinaire.

Au milieu des mots, y se prononce toujours *i,* exemples : *Sylla, Cyrus, Cambyse, martyre, lyre, Cythère, cyprès, Hippolyte, synonyme, Égypte,* etc., etc.

Dans nous *priions,* vous *priiez,* que nous *priions,* que vous *priiez,* le premier *i* est long. Ces deux *i* ont lieu à la première et à la deuxième personne du pluriel de l'imparfait de l'indicatif et du présent du subjonctif des verbes terminés au participe présent par *iant,* comme *étudiant, priant,* d'étudier, prier, etc.

Selon les règles de la prosodie française, qui veut que toute voyelle précédant une voyelle muette soit longue, l'*i,* au milieu des mots, est long dans *gîte, givre, voltige, empire, surprise, délivre,* etc., etc.

Si l'*y* est précédé de la voyelle *o* comme dans *royal,* il se prononce *à i,* comme je l'ai expliqué en traitant l'*a* aigu.

3

I, à la fin des mots, se prononce *i*, *fourmi*, *merci*, *ici*, *défi*, *appui*, *autrui*, *ami*.

Remarques. Dans *spahi, hi* se prononce *i* sans aspiration ; il en est de même dans *envahi, trahi, ébahi*, participes passés des verbes envahir, trahir, ébahir, dont j'ai parlé plus haut. Il n'y a guère que *tory, penny*, et quelques noms propres. *Scudéry, Bailly, Sully, Cluny, Neuilly*, etc., etc., qui se terminent par *y*, et cet *y* se prononce *i* bref.

Ye dans le mot *Libye* se prononce *i* bref ; c'est le seul mot de cette sorte.

Ic se prononce *i* bref dans *arsenic, cric*, seuls mots.

Ict se prononce *i* bref dans *amict*, linge d'église, c'est le seul mot de cette sorte.

Ist se prononce *i* bref dans *Jésus-Christ, Christ* (seul) se prononce *Criste*.

Id se prononce *i* bref dans *muid, Madrid, nid*; seuls mots.

Ie, à la fin des mots, se prononce *i* bref, c'est ce qui a lieu dans les substantifs masculins *incendie, génie, bain-marie*, et dans tous les noms propres masculins, *Tobie, Sosie, Zacharie, Jérémie*, etc., etc., et dans tous les substantifs féminins qui ont cette terminaison : *folie, vie, envie, Athalie*, etc., etc.

Il se prononce *i* bref dans *baril, outil, nombril, coutil, persil, chenil, fenil, sourcil* et *fusil;* il n'y a guère que ces huit mots.

Is, comme terminaison, se prononce toujours *i* bref, *rubis, radis, buis, parvis, paradis, Louis, commis, avis, marquis, brebis, souris*, etc.

It final se prononce *i* bref. Il *entendit*, il *vit, circuit, habit, répit, minuit, débit, bruit, crédit*, etc., etc.

Its se prononce *i* bref dans *puits*, *Nuits* (ville).

Ils se prononce *isse* dans *fils*.

Ix se prononce *i* bref dans *perdrix*, *prix*, *crucifix ; six* et *dix* suivis d'un substantif commençant par une consonne se prononcent *i : six prix*, *dix*, *crucifix*. Exceptons-en les mois de l'année commençant par une consonne : *janvier*, *février*, *mars*, etc. ; on dit donc : *six janvier*, *six février*, *dix mars*, en faisant entendre la sifflante : *sisse janvier*, *disse mars*, etc., etc.

Dans les deux mots *Isăïe*, *Achăïe*, *ie* se prononce *i* bref.

Dans *Ésăïe*, *ădonăï*, *ăï*, *hăï*, *ï* se prononce *i*.

Je résume tout ceci en vous remettant sous les yeux le précédent tableau des voyelles, que vous devez, à présent, parfaitement comprendre.

TABLEAU DES VOYELLES

D'APRÈS MA MÉTHODE.

CROISSANCE PROGRESSIVE.

1re é	fermé	(petite ouverture de bouche)	*été, il sait, et.*
2e e	ouvert commun	(ouvrez la bouche)	*père, mère, elle.*
3e ë	grave	(ouvrez un peu plus)	*très, anglais.*
4e ê	très-ouvert	(encore plus, mais sans effort)	*évêque, conquête.*
5e ŏ	aigu	(de même pour celle-ci)	*côcôtte, aŭrôre.*
6e ä	aigu	(toujours plus)	*là, fà, pâpâ.*
7e ā	grave	(le son change, le mouvement n'est plus le même que pour l'aigu, mais la bouche ne s'en ouvre pas moins)	*căs, lăs, păs.*
8e in	nasal	(la bouche très-ouverte avec effort)	*fin, hein, sain.*
9e an	muet	(encore plus si c'est possible)	*grand, blanc.*

DÉCROISSANCE PROGRESSIVE.

10ᵉ **e** muet............ (ouverture sans effort)............. *le, me, te.*

11ᵉ **eu** aigu.......... (de même)................. *seûl à seûl.*

12ᵉ **ô** grave.......... (la bouche commence à se refermer, les lèvres se joignent en s'allongeant)............ *côte à côte.*

13ᵉ **un** nasal.......... (même mouvement quant à la fermeture de la bouche). *un, brun.*

14ᵉ **on** .... (un peu plus rapprochée)............ *long, bonbon.*

15ᵉ **eû** grave.......... (davantage encore)............ *jeûx, bœufs.*

16ᵉ **ou** .... (encore plus)............ *joujou, voucou.*

17ᵉ **u** .... (fermeture complète de la bouche)............ *jujub, su, hu.*

18ᵉ **I ou y** .... (de même, moins les lèvres)............ *ici, fini.*

DIPHTHONGUES.

Il ne me reste plus, pour compléter mon travail sur les voyelles, qu'à dire quelques mots des diphthongues.

Une diphthongue est une syllabe qui fait entendre deux sons distincts prononcés en une seule émission de voix. Il est donc facile de les bien articuler, en se rappelant le son et le mouvement de chacune des deux voyelles qu'elle représente. *Dieu*, par exemple, se compose de la dix-huitième et de la quinzième voyelle *i* et *eu*. Eh bien! comme vous en savez le mécanisme, que vous en avez étudié le son séparément, vous ne pouvez vous tromper en les articulant, quoiqu'elles soient réunies : *Di-eu*. Et ainsi des autres : pied, *pi-é;* lui, *lu-i;* biais, *bi-ais.*

Seulement, il est à remarquer que dans les diphthongues *oi, ois, oui*, bien des personnes, sans y songer, sans s'écouter, prononcent *moi* comme *mois*, *mois* comme *moi;* Louis comme *lui*. Ou d'autres personnes, ayant lu que *Fran-çois, boire, quoi*, etc., etc., se prononçaient *Françŏûoi*, *bŏûoire*, *qŏûoi*, etc., ont cru devoir s'exercer à atteindre ce langage de Bas-Normands, et elles n'ont fait, en suivant ces malheureux et ignorants conseils, que s'égarer de plus en plus.

Loi, moi, foi, bois, (verbe), doivent se prononcer *lŏă*,

mŏă, fŏă, bŏă; et *mois, bois* (substantifs)*, pois, Louis,*
comme s'il y avait : *mou-ā, bou-ā, pou-ā, Lou-i.*

Voici, dans tous les cas, pour surcroît de précaution, une
table exacte des différentes diphthongues, avec leurs prononciations diverses ; elle sera bonne à consulter dans un moment
d'oubli ou d'incertitude :

ai.	mail, ail,	se prononcent	*mă-ie, ăie.*
ia.	fiacre, diacre,		*fi-ăcre, di-ăcre.*
ié.	lié, pied,		*lié, pié.*
iè.	pierre, fière,		*piè-rre, fi-ère.*
iai.	biais,		*bi-ăis, bi-ès.*
oi.	loi, moi,		*lŏ-ă, mŏă* [aigu et bref].
eoi.	bourgeois.		*bourgeŏ-ă.*
ouai.	ouais,		*ou-és, é* [très-ouvert].
oin.	soin,		*so-in, sŏ* [bref]*, in* [nasal].
ouin.	baragouin,		*baragou-in.*
io.	mioche.		*mi-ŏ-che.*
ien.	bien,		*bi-in.*
ian.	viande,		*vi-ānde.*
ien.	ingrédients.		*ingrédi-ān.*
ieu.	lieu.		*li-ĕu.*
ion.	Lyon, pion,		*li-on, pi-on.*
iou.	chiourme,		*chi-ourme.*
oë.	poëte, moelle,		*pŏ-ète, mŏ-èlle.*
oua.	louange,		*lou-ānge.*
ua.	équateur,		*éqou-ă-tĕur.*
oue.	ouest,		*ou-èss-tte.*
oui.	Louis,		*Lou-is.*
uel.	écuelle,		*écu-èlle.*
ui.	lui,		*lu-i.*
uin.	juin,		*ju-in* [nasal].

Maintenant, que je crois avoir expliqué clairement, en peu de mots, le mécanisme articulaire de nos voyelles, je vais y joindre encore, pour plus de précaution et comme complément, un aperçu, un petit modèle que vous devrez chercher à imiter toutes les fois que vous lirez à haute voix. C'est un travail mnémotechnique, qui fera retenir plus facilement le son exact de chacune de nos voyelles. Il sera très-facile ainsi, avec l'exemple à côté, de se faire une idée juste des lois de notre prononciation.

MODÈLE DE L'EXERCICE.

La Mort des Templiers.

Un immense bûcher, dressé pour leur supplice,
S'élève en échafaud, et chaque chevalier
Croit mériter l'honneur d'y monter le premier;
Mais le grand maître arrive; il monte, il les devance.
Son front est rayonnant de gloire et d'espérance;
Il lève vers les cieux un regard assuré :
Il prie, et l'on croit voir un mortel inspiré.
D'une voix formidable aussitôt il s'écrie :
« Nul de nous n'a trahi son Dieu, ni sa patrie;
Français, souvenez-vous de nos derniers moments;
Nous sommes innocents, nous mourrons innocents.
L'arrêt qui nous condamne est un arrêt injuste;
Mais il est dans le ciel un tribunal auguste
Que le faible opprimé jamais n'implore en vain,
Et j'ose t'y citer, ô Pontife romain !
Encore quarante jours !...... je t'y vois comparaître. »
Chacun, en frémissant, écoutait le grand maître.
Mais quel étonnement, quel trouble, quel effroi,
Quand il dit : « O Philippe, ô mon maître, ô mon roi,
Je te pardonne en vain, ta vie est condamnée:
Au tribunal de Dieu je t'attends dans l'année ! »
Les nombreux spectateurs, émus et consternés,

EXERCICE VOCAL.

Lä Mŏr dĕ Tan-pli-é.

Un n'im-mens buché, drécé pour leŭr suplic',
S'élèv' en n'échăfŏ, é chăc chĕvălié
Crŏă mérité l'ŏneŭr d'i monté lĕ prĕmié ;
Mĕ lĕ grand mĕtr' ărriv' ; il mont', il lĕs dĕvanc'.
Son fron t'ĕst ré-iŏ-nan dĕ glŏăr' é d'ĕsspérance ;
Il lĕve vĕr lĕs ciĕu un rĕgăr assuré :
Il pri, é l'on crŏŏ vŏăr un mòrtèl insspiré.
D'ŭn' vŏă fŏrmidăbl' ŏssitō t'il s'écri' :
« Nul dĕ nou n'ă tră-i son Diĕu, ni să pătri' ;
Françĕ, souv'né-vous dĕ nō dĕrnié mŏman ;
Nous sŏmm' z'inoçan, nous mourron z'inoçan.
Larê ki nous coudă-ne ĕ t'un n'arĕ t'injusste ;
Mĕ z'il ĕ dan l' ciĕl un tribŭnăl ŏgusste
Kĕ lĕ fèbl' ŏprimé jamĕ n'inplŏ-r'en vin,
Ê j'oz' ţ'i cité, ō Pontif' rŏmin !
Ancŏr kărant' jour !..... Jĕ t'i vŏă conpărĕtre. »
Chăcun, en frémissan, écoutĕ lĕ gran mêtre.
Mĕ kĕl étŏ-n'man, kĕl trouble, kĕl éfrŏă,
Kan t'il di : « Ô Filip, ō mon mêtre, ō mon rŏă,
Jĕ tĕ părdŏ-n' an vin, ta vi ĕ con-dă-né :
Ô tribŭnăl dĕ Diĕu jĕ t'ătan dans l'ăné ! »
Lĕ nonbreŭ s-pĕk-tă-teŭr, ému z'é con-ss-tèr-né,

Versent des pleurs sur vous, sur ces infortunés.
De tous côtés s'étend la terreur, le silence.
Il semble que du ciel descende la vengeance.
Les bourreaux interdits n'osent plus approcher;
Ils jettent en tremblant le feu sur le bûcher,
Et détournent la tête...... Une fumée épaisse
Entoure l'échafaud, roule et grossit sans cesse;
Tout à coup le feu brille : à l'aspect du trépas
Ces braves chevaliers ne se démentent pas.
On ne les voyait plus; mais leurs voix héroïques
Chantaient de l'Éternel les sublimes cantiques :
Plus la flamme montait, plus ce concert pieux
S'élevait avec elle, et montait vers les cieux.
Votre envoyé paraît, s'écrie...... Un peuple immense,
Proclamant avec lui votre auguste clémence,
Auprès de l'échafaud soudain s'est élancé.....
Mais il n'était plus temps...... les chants avaient cessé.

RAYNOUARD. *Les Templiers.*

Vèrsë dĕ plëur sur vou, sur cĕ z'infŏrtuné.
Dĕ tou cōté c'étan lă tèr-reŭr, lĕ silanc'.
Il sanble kĕ du ciĕl déçande lă vanjanc'.
Lĕ bou-rō z'interdi n'ōze plu z'ăprŏché ;
Il jète t'an tranblan lĕ feŭ sur lĕ buché,
É détourne lă tête...... Ŭ-n' fúmé épèce
Antour l'échăfō, roul' é grōci san cèsse ;
Tou-t'a cou lĕ feŭ brill-e : à l'ass-pĕ du trépā
Cĕ brăv' chĕvălié nĕ sĕ démant' pā.
On nĕ lĕ vŏ-ă-iĕ plu ; mĕ leur vŏă z'érŏ-ï-ke
Chantĕ dĕ l'Étèrnèl lĕ sublim' kantike :
Plu lă flām' montĕ, plu cĕ con-cèr pi-eŭ
S'él'vĕ t'ăvè-kel, é montĕ vèr lĕ ci-cū.
Vŏ-tr' an-vŏă-ié parĕ, s'écri..... Un peŭ-pl' im-mance,
Prŏ-clă-man t'ăvèc lui vŏ-tr' ŏgusstĕ clé-man-ce,
Ōprĕ dĕ l'é-chă-fō soŭ-din c'ĕ-t'é-lan-cé.....
M'ĕ z'il n'étĕ plu tan..... lĕ chan z'avĕ cécé.

Rénou-ăr. Lĕ Tanplié.

CINQUIÈME LEÇON.

DES CONSONNES.

Avant de parler du nombre de nos consonnes, faisons une observation sur la manière de les nommer.

Autrefois, on faisait sonner les consonnes à l'aide de voyelles sonores, c'est-à-dire que b, c, d, f, g, h, l, m, n, p, q, r, s, t, v, x, z, se prononçaient *bé, cé, dé, effe, gé, ache, elle, emme, enne, pé, qu, erre, esse, té, vé, icse, zède;* mais les inconvénients de cette méthode engagèrent MM. de *Port-Royal* à en proposer une nouvelle, plus simple et plus applicable à toutes les langues. « Il est certain, disent ces célèbres et profonds grammairiens, que ce n'est pas une grande peine à ceux qui commencent à lire que de connaître simplement les lettres, mais que la plus grande est d'apprendre à les assembler. Or, ce qui rend maintenant cela plus difficile, c'est que, chaque lettre ayant son nom, on la prononce seule, autrement qu'en l'assemblant avec d'autres. Il semble donc que la voie la plus naturelle, comme quelques gens d'esprit l'ont déjà remarqué, serait que ceux qui montrent à lire n'apprissent d'abord aux enfants à connaître leurs lettres que par le nom de leur prononciation, et qu'on ne leur nommât les consonnes que par le son propre qu'elles ont dans les syllabes où elles se

trouvent, en ajoutant seulement à ce son propre celui de l'e
muet qui est l'effet de l'impulsion de l'air nécessaire pour
faire entendre la consonne ; par exemple, qu'on appelât *be*
la lettre *b*, comme on la prononce dans la dernière syllabe
de *bombe*, ou dans la première de *besogne* ; *de*, la lettre *d*,
comme on l'entend dans la dernière syllabe de *monde*, o 1
dans la première de *demande* ; *fe*, la lettre *f* ; *ne*, la
lettre *n* ; *me*, la lettre *m* ; et ainsi des autres qui n'ont qu'un
seul son.

» Que, pour les lettres qui en ont plusieurs, comme *c*, *q*, *t*,
s, on les appelât par le son le plus naturel et le plus
ordinaire, qui est au *c* le son de *que* ; au *g* le son de *gue* ;
au *t* le son de la dernière syllabe de *forte* ; et à l'*s* celui de
la dernière syllabe de *course*.

» Ensuite, qu'on leur apprît à prononcer à part, et sans
épeler, les syllabes *ce*, *ci*, *ge*, *gi*, *tia*, *tié*, *tie*, etc., et qu'on
leur fît entendre que le *s*, entre deux voyelles, sonne, à
quelques exceptions près, comme un *z* : *misère* se prononce
de même que s'il y avait *mizère*. »

Ma méthode, fondée sur la leur, a de grands avantages ;
elle habitue à une bonne prononciation, en faisant donner
à chaque syllabe son vrai son et sa juste valeur ; *elle fait
disparaître tout accent vicieux*, et elle diminue les difficultés
de l'appellation.

Cependant elle n'est encore complétement en usage qu'au
Conservatoire impérial de musique et de déclamation.

Et pourtant, ce que je puis affirmer, après vingt-cinq ans
d'expérience pratique, c'est que jamais elle ne me fit éprouver
d'échec ; jamais, avec ces principes, je ne rencontrai
d'obstacles insurmontables ; des milliers de défauts de pro-
ponciation furent corrigés par moi, même les plus rebelles,

les grasseyements, les bégaiements..... et tous avec la plus grande facilité, sans fatigue et sans ennui pour l'élève.

Les consonnes, par cette nouvelle appellation, sont toutes masculines.

b, c, d, f, g, h, j, k, l, m, n, p, q, r, s, t, v, x, z,

doivent se prononcer

be, que, de, fe, gue, he, je, ke, le, me, ne, pe, que, re, se, te, ve, kse, ze.

Me servant du même procédé que celui que j'ai pris pour mieux faire comprendre les mouvements de la bouche dans les différents degrés d'articulation des voyelles, je rassemble les consonnes par catégories, par familles pour ainsi dire, et je tire leur nom de l'organe particulier qui contribue à leur formation. Par exemple, toutes les consonnes qui se forment avec le concours des lèvres, je les nomme *labiales*; celles qui exigent un mouvement de la langue s'appellent *linguales*; et ainsi de suite. De cette manière, leur nombre diminue beaucoup, la difficulté s'aplanit considérablement; et tout le travail se borne à étudier les combinaisons articulaires de neuf à dix mouvements de la bouche.

Voici, d'après une méthode, le tableau exact des consonnes, classées comme sons naturels et comme sons accidentels :

TABLEAU DES CONSONNES

D'APRÈS MA MÉTHODE.

———

LABIALES FORTES.

j ...... fort .... *juge.*
g¹ ..... son accidentel. .... *geôle.*
ch .... plus fort................. *choc.*

LABIALES DOUCES.

m ..... doux .... *même.*
b ...... fort .... *bombe.*
p ...... plus fort................. *pompe.*

DENTI-LABIALES.

v ...... doux.................... *vive.*
f ...... fort .... *fifre.*
ph ..... fort....*accidentel*........ *philtre...*

SIFFLANTES AIGUËS.

s .... *soi.*
c ...... son accidentel............ *ceci.*
t ...... — .... *action.*
x ...... — .... *Auxerre.*
z ...... — .... *Retz.*

———

¹ Le son naturel du *g*, comme on l'a vu plus haut, étant *gue*, j'ajoute à cette consonne, ainsi que je l'ajouterai à toutes les autres, le mot *accidentel*, pour bien faire comprendre la raison du changement d'articulation.

SIFFLANTES DOUCES.

z...... .... *zig-zag.*
s...... son accidentel .... *Asie.*
x...... — .... *deuxième.*

LINGUALES. — SOMMO-LINGUALES.

n...... doux .... *Ninive.*
l...... fort................... *Lille.*
d...... plus fort............... *dans.*
t...... très-fort............... *temps.*
r...... rude .... *rire.*

RADICO-LINGUALES DURES.

k...... .... *Kean* (Kine).
q...... .... *quoique.*
c...... son accidentel........... *Calchas.*
ch..... .... *coco.*
g...... — .... *sang odieux.*
x...... — .... *ex-cès.*

RADICO-LINGUALES DOUCES.

g...... .... *grand.*
c...... son accidentel........... *second.*
x...... — .... *Xénophon.*

RADICO-LINGUALES SIFFLANTES.

x...... .... *Xantippe.*

TOTO-LINGUALES (sons mouillés).

ll..... .... *fille.*
lh..... .... *Pardailhan.*
gn..... .... *seigneur.*

GUTTURALE.

h...... forte aspiration........... *héros.*

Maintenant, voici les moyens qu'il faut mettre en usage pour les bien prononcer.

LABIALES FORTES.

Pour les labiales fortes, *j*, *g* (son accidentel) et *ch* : allongez les lèvres en diminuant l'ouverture de la bouche ; serrez les dents... et poussez l'air avec force : *j*, *g* ; *juge.*

Redoublez ce même mouvement pour *ch* : *chiche.*

LABIALES DOUCES.

Vous n'avez qu'à joindre les lèvres, les appuyer l'une sur l'autre avec vigueur, en mettant une force progressive dans l'articulation de ces trois consonnes, *m*, *b*, *p* ; appuyer pour *m*, *même* ; plus pour *b*, *bombe* ; et doublement pour *p*, *pape.*

DENTI-LABIALES.

Ce mouvement d'articulation exige que les dents supérieures viennent, par le milieu, couper la lèvre inférieure : avec force pour *v*, *vive* ; et en doublant la pression pour *f*, *ph* : *fifre*, *philtre.*

DENTALES OU SIFFLANTES.

Pour les sifflantes aiguës, serrez les dents, rapprochez vos lèvres, collez-les avec le plus d'effort possible, — qu'elles soient plaquées contre les dents, et minces, à n'en laisser voir à peine qu'un petit filet rouge ; puis, les dents et les lèvres placées ainsi, chassez l'air vigoureusement en dehors ; faites un sifflement : *c*, *s*, *t*, *x*, *z* : *ceci*, *si*, *action*, *Auxerre*, *Lopez.*

SIFFLANTES DOUCES.

Pour les sifflantes douces, ne changez rien ; diminuezen seulement la force de moitié : *z*, *s*, *x*, *zig-zag*, *Asie*, *deuxième*.

LINGUALES.

SOMMO-LINGUALES.

Pour les sommo-linguales, il faut que le bout de la langue se lève et frappe le palais à son extrémité, près des dents, *n*, *l*, *d*, *t*, *r*. Elles sont ici placées par ordre de force progressive. La moins dure à prononcer est *n*, *nonne ;* on augmente la force pour *l*, *Lille ;* plus pour *d*, *dada ;* on frappe encore plus fort pour *t*, *tête.* Mais ce n'est plus un simple frappement que vous devez faire pour le *r*, c'est une vibration ; la bouche s'ouvre davantage, toute la largeur de l'extrémité de la langue va se joindre au palais, intercepte l'air qui s'échappe de la poitrine ; cet air, comprimé, cherche une issue, pousse la langue avec vigueur, s'échappe, et, le bout de la langue revenant toujours à sa place et résistant toujours à chaque pulsation, occasionne un nombre de petits frappements, de frôlements, qui forment ce qu'on appelle une vibration.

Voilà ce que vous devez faire pour articuler le *r ;* mais peut-être, après plusieurs essais, vous verrez-vous dans l'impossibilité de réussir. — Alors vous grasseyez. Votre langue, trop molle, trop paresseuse, reste morte dans la bouche ; vous faites, au lieu d'une vibration, un mouvement guttural, en agitant la luette, ce qui produit un son sourd, rauque, très-désagréable à l'oreille. Beaucoup de personnes ont ce défaut : — les Parisiens d'abord, ensuite les Rouennais, les Marseillais, etc., etc., etc.

Plus loin, à la huitième leçon, page 73, j'indiquerai les moyens de corriger la vicieuse prononciation de cette consonne.

RADICO-LINGUALES DURES.

Pour les radico-linguales dures, la langue se lève par le milieu, près de sa racine, et frappe avec force le palais; c'est un mouvement presque guttural : *c*, *q*, *k*, *g*, *ch*, *x*, *x* ; *cŏcŏ*, *quoique*, *Kărr*, *sang ŏdiĕūx*, *Călchăs*, *Xérès* (quérèsse).

RADICO-LINGUALES DOUCES.

Les radico-linguales douces ont la même articulation que les précédentes, avec moins de force seulement : *g*, *c*, *x* ; *gai*, *second*, *exemple*.

TOTO-LINGUALES.

Pour les toto-linguales, le mouvement à faire est très-simple : toute la langue monte et se joint au palais : ne poussez pas l'air en dehors avec force, retenez-le plutôt; vous en produirez mieux cette articulation molle et mouillée qu'elle doit avoir : *ll*, *fille* ; *lh*, *Pardailhan* ; *gn*, *Sévigné*.

Le son mouillé, dans n'importe quel mot, polysyllabe ou non, doit toujours se faire sur la voyelle *ill* ou *gn*, et non sur la syllabe suivante, laquelle doit, au contraire, con-server le son qui lui est naturel : *mouill-é*, *souill-é*, *sei-gn-eŭr*, *măgn-ănime*, et non *mouil-lié*, *souil-lié*, *seig-nieur*, *mag-nianime*.

LA GUTTURALE.

La gutturale est une forte aspiration qui se fait en resserrant un peu la gorge : *h*, *héros*.

————

Il y a peu de mots dans notre langue où le *h* son aspiré; en voici la liste exacte, que j'ajoute ici pour épargner à mes lecteurs, et surtout aux étrangers qui se serviront de cet ouvrage, des incertitudes ou des recherches ennuyeuses :

LISTE DE TOUS LES MOTS OU LE *H* EST ASPIRÉ.

Hă! interj.

Hăbler et ses dérivés, parler beaucoup et avec ostentation.

Hăche, hăcher, hăchette.

Hăchis, hăchoire.

Hăchures (t. degr. ; t. de blas).

Hăgărd.

Hăhă, ouverture.

Hăhé (t. de chasse).

Hăie, clôture.

Hăïe, cri des charretiers

Hăillon.

Hăine et ses dérivés.

Hăire, chemisette de crin ou de poil de chèvre.

Hălăge, action de tirer un bateau.

Hălbran, jeune canard sauvage.

Hălbrener, chasser aux halbrans.

Hăle et ses dérivés.

Hălener.

Hăletant, hăleter.

Hăllăge, droit de halle.

Hălle.

Hăllebărde, pique garnie.

Hăllebredă (t. de mépris et populaire).

Hăllier, buisson épais ; celui qui garde une halle.

Hăloir, lieu où l'on sèche le chanvre.

Hălöt, trou dans une garenne.

Hălte.

Hămăc, espèce de lit suspendu.

Hămeau.

Hampe, bois d'une hallebarde.

Han, sorte de caravansérail.

Hanche.

Hangar, remise pour des charrettes.

Hănneton.

Hanscrit, langue savante des des Indiens.

Hanse, société de commerce formée entre plusieurs villes du nord de l'Allemagne.

Hanséatique.

Hansière (t. de marine).

Hanter et Hantise (t. fam. et populaire).

Hăppe, espèce de crampon.

Hăppelourde, pierre fausse.

Hăpper (t. populaire).

Hăquenée, cheval ou cavale de taille médiocre.

Hăquet, espèce de charrette à voiturer des marchandises.

Hărangue et ses dérivés.

Hărăs, lieu destiné à loger des étalons.

Hărăsser.

Hărder (t. de chasse).

Hărdes.

Hărdi et ses dérivés.

Hărem, lieu où sont renfermées les femmes d'un pacha.

Hăreng et ses dérivés.

Hărengère.

Hărgneux.

Hăricōt, plante; graine; ragoût.

Hăridelle.

Hărnăcher, hărnăchement.

Hărnois (on prononce *harnĕs*).

Hărō (t. de coutume, bas et peu usité).

Hărpailler (t. fam.), n'est d'usage qu'en parlant de deux personnes qui se querellent.

Hărpe.

Hărpēau (t. de marine).

Hărper (t. fam.), prendre et serrer fortement avec les mains.

Hărpie.

Hărpin, croc de batelier.

Hărpon, espèce de dard.

Hărponner.

Hărt, espèce de lien.

Hăsărd et ses dérivés.

Hăse, femelle du lièvre et du lapin de garenne.

Hāte et ses dérivés.

Hāuban (t. de maçon).

Hāubans (t. de marine).

Hāubert, sorte de cuirasse.

Hāusse et ses dérivés.

Hāusse-cöl.

Hāut et ses dérivés.

Hautbois.

Hāut-bord , nom que l'on

donne aux grands vais-
seaux.

Hãut-de-chãusses.

Hãute-contre (t. de musique).

Hãute-cour, tribunal suprême.

Hãute-futaie.

Haute-lice, fabrique de tapis-
serie.

Hãute-paye.

Hãut-mãl, mal caduc.

Hãutẽsse.

Hãve, pâle et défiguré.

Hãvir, v. act., dessécher.

Hãvre, port de mer.

Hãvre-sãc.

Hé! sorte d'interjection.

Heãume, casque.

Hêler (t. de marine).

Hem! interjection.

Hennir (on prononce *hãnir*).

Hennissement (on prononce
hãnissement).

Heuri.

Henriade.

Hérãut, officier d'un prince
ou d'un État souverain.

Hẽrc (t. de mépris).

Hérisser.

Hérisson.

Hernie, descente de boyaux.

Héron.

Héros.

Herse et ses dérivés.

Hêtre, grand arbre.

Heũrt, choc, coup.

Heũrtoir et ses dérivés.

Hibou.

Hic, principale difficulté d'une
affaire.

Hideũx, hideũsement.

Hiérãrchie.

Hie, sorte d'instrument dont
on se sert pour renfoncer
les pavés.

Hisser (verbe act.).

Hõbereãu, oiseau de proie.

Hõc, jeu de cartes.

Hõche, entaillure.

Hõchement et ses dérivés.

Hõchepõt, espèce de ragoût
de bœuf.

Hõcher, secouer, branler.

Hõchẽt.

Hõlã.

Hõmãrd, grosse écrevisse de
mer.

Hongre, cheval châtré.

Hõnnir, bafouer.

Honte et ses dérivés.

Hõquẽt.

Hõqueton, archer.

Hõrde, peuplade errante.

Hŏrion (vieux mot), coup rude déchargé sur la tête ou sur les épaules.

Hŏrs.

Hŏtte.

Hŏttée.

Hŏttentŏt, habitant de l'Afrique.

Houblon et ses dérivés.

Houe, instrument pour remuer la terre.

Houille.

Houle, vagueaprès la tempête.

Houleux (t. de marine).

Houlètte.

Houppe.

Houppelande.

Hourdăge, maçonnage grossier.

Hourder (verbe).

Houri.

Hourvări (t. de chasse).

Houssărd, hussard.

Houspiller.

Houssaie, lieu où croît quantité de houx.

Housse et ses dérivés.

Houssine.

Houssoir.

Houx, arbre.

Hoyau, sorte de houe.

Huche, grand coffre.

Huée et ses dérivés.

Huguenŏt, calviniste.

Huit et ses dérivés.

Humér.

Hune, hunier.

Huppe, huppé.

Hure.

Hurhāut (t. de charretier).

Hurlement, hurler.

Hutte, se hutter.

RÉSUMÉ

DES

DIFFÉRENTS MOUVEMENTS ARTICULAIRES

DES CONSONNES.

Les lèvres s'allongent en dehors.	j. g. ch.	
Les lèvres reviennent frapper l'une sur l'autre.	m. b. p.	LABIALES.
Les dents supérieures coupent par le milieu la lèvre inférieure, qui s'est rapprochée.	v. f. ph. son accid.	DENTI-LABIALES.
Les lèvres se rapprochent encore plus, se collent sur les dents, lesquelles se serrent les unes près des autres, pour ne laisser à l'air qu'un imperceptible passage.	c. s. t. son accident. x, — x. —	Sifflantes aigues . . .
Moins de force dans le même mouvement.	z, s. son accident. x. —	Sifflantes douces . . .
Les lèvres restent en place, la langue seule agit à son extrémité.	n. l. d. t. r.	SOMMO-LINGUALES.
C'est la racine de la langue qui, maintenant, forme cette articulation, de concours avec le palais.	k. c. q. g. son accid. ch, — x. —	RADICO-LINGUALES DURES.
De même pour celle-ci, en employant moins de force.	g. c. son accid. x. —	RADICO-LINGUALES DOUCES.
Toute la langue est occupée dans le mouvement qui se fait vers le milieu de la bouche pour former cette articulation.	ll. lh. gn.	TOTO-LINGUALES.
La gorge seule.	h.	GUTTURALE.

DENTALES.

Par ce tableau, vous avez vu, d'un seul coup d'œil, le travail mécanique de la mâchoire dans toutes ces articulations.

D'abord, les lèvres, qui s'allongent extérieurement pour les premières *labiales*, reviennent pour les autres, et, pour les *denti-labiales*, se rapprochent plus, se rentrent pour les *sifflantes*, puis restent inoccupées dans la formation des *linguales*. — Les mouvements d'articulation ne sont plus en dehors de la bouche, mais tous intérieurs : —

Près des dents pour les *linguales* ;

Au milieu de la bouche pour les *radico-linguales* ;

Occupant tous les palais pour les *toto-linguales* ;

Enfin, tout à fait à l'extrémité, près de la gorge, quant à la *gutturale*.

Maintenant que vous connaissez parfaitement toutes les différentes articulations de notre langue, que vous les avez étudiées, nous allons nous occuper des vices de la prononciation.

Presque tous viennent de l'enfance, de la négligence que l'on met à nous prévenir sur des lettres que nous prononçons mal. Toujours, au contraire, les parents sont ravis, enchantés d'entendre dire par leurs enfants : *zouzou*, pour *joujou* ; *ze veux za*, pour je veux ça. Dans ce petit mot *zouzou*, dit par une jolie petite bouche, toute rose, toute gracieuse, les mères trouvent une harmonie du ciel ! Ce n'est plus un enfant ordinaire, oh ! non ! c'est un vrai chérubin, c'est un ange qui parle ! *zouzou*, c'est divin ! Mais, à trois ou quatre ans, ces adorables *ze ze* se changent en blaisement, en zézaiement. L'oreille des parents, faite à ce tendre et doux parler, ne s'en choque jamais. L'âge arrive ; dans les maisons d'éducation, personne ne nous en parle. Enfin, on entend un beau jeune homme, un grand gaillard de vingt-cinq ans, dire, en pleine assemblée (la langue tombée mollement entre les dents) : « *Mézieurs, ze me prézente izi, z'ai de l'énerzie, de la conszienze ; vos zuffrages....* »

Il ne faut pas aller plus loin pour obtenir un succès de fou rire ! C'est ce qui arrive souvent, c'est ce que nous avons tous vu. Combien de belles et grandes intelligences ont été ainsi perdues, faute d'un travail préparatoire sur l'articulation !

SIXIÈME LEÇON.

MOLLESSE D'ARTICULATION.

Ce défaut, qui n'en est pas un, tant il est peu difficile à corriger, disparaît presque toujours si l'on fait avec soin le travail que j'indique en parlant des voyelles et des consonnes. Mais ce que je recommande avant tout, ce que je prie de prendre en très-sérieuse recommandation, car tout est là, c'est, en appelant les voyelles ou les consonnes, d'en doubler toujours la force articulaire. *Qui peut le plus peut le moins.* Cet axiome très-connu est, ici, on ne peut mieux appliqué. Faisant des efforts pour dépasser le but, vous l'atteignez plus vite, plus facilement, et vous vous trouvez corrigé sans peine et sans ennui. Ne l'oubliez jamais : ce travail est obligatoire pour tous.

Pour se corriger de la *mollesse d'articulation*, du *bredouillement*, de *l'empâtement* de la bouche, tous défauts qui ne sont que le même sous différentes désignations, il faut articuler syllabiquement, avec force, en doublant la valeur de chaque mouvement, comme je viens de le dire. Observez-vous bien ; écoutez-vous avec attention ; donnez toujours une force égale à tous les mouvements ; pas plus à la première consonne qu'à la dernière, surtout dans les finales féminines, qu'on est toujours disposé à ne pas articuler, à laisser tomber.

Il sera très-bon aussi, pour activer ce travail, d'apprendre une vingtaine de vers, de les répéter syllabiquement, à haute voix, en ayant dans la bouche quatre boules de caoutchouc de moyenne grosseur, *deux de chaque côté, entre les joues et les dents* (1) ; il faut qu'elles soient assez en arrière, du côté des oreilles, pour ne point empêcher le mouvement des lèvres dans leurs articulations labiales. Ne confondez pas, je vous prie ; remarquez bien que je conseille de mettre ces boules *entre la joue et les dents, sur le côté*, et non dans la bouche, ni dessus, ni dessous la langue. Quelques personnes l'ont fait ainsi, croyant mieux se corriger ; c'est une erreur, une très-grande et très-nuisible erreur. *Il ne faut jamais rien mettre dans la bouche pour aucun défaut de prononciation* ; gêner la bouche par des obstacles quels qu'ils soient, liége, bois, caoutchouc, cailloux, c'est,

---

(1) On trouve ces boules chez le concierge de M. Morin, rue Richer, n° 3, au coin du faubourg Poissonnière.

4.

incontestablement, aggraver le mal au lieu de le guérir ;
mettre les boules comme je le conseille, les placer entre les
joues et les dents, sur les bas côtés de la bouche, c'est tout
une autre chose ; cela rend difficiles les mouvements, mais
ne les empêche pas ; c'est un obstacle, voilà tout ; et cet
obstacle vous oblige, malgré vous, à employer plus de force
qu'il n'en faudrait pour articuler chaque consonne ou
voyelle ; les lèvres s'habituent à ces efforts réitérés, la
mollesse disparaît ; et, après quelques jours de ce travail,
sitôt que vous quittez les boules, vous vous apercevez immé-
diatement d'une extrême facilité d'articulation.

Cet exercice, répété environ un mois, plusieurs fois dans
la journée, doit corriger les défauts dont nous parlons.

EXERCICE SYLLABIQUE

POUR LA MOLLESSE DE L'ARTICULATION.

Grâce aux dieux, mon malheur passe mon espérance !
Oui, je te loue, ô ciel, de ta persévérance !
Appliqué sans relâche au soin de me punir,
Au comble des douleurs tu m'as fait parvenir ;
Ta haine a pris plaisir à former ma misère ;
J'étais né pour servir d'exemple à ta colère,
Pour être du malheur un modèle accompli :
Eh bien, je meurs content, et mon sort est rempli.
Où sont ces deux amants ? pour couronner ma joie,

Dans leur sang, dans le mien, il faut que je me noie ;
L'un et l'autre, en mourant, je les veux regarder.
Réunissons trois cœurs qui n'ont pu s'accorder.
Mais quelle épaisse nuit tout à coup m'environne !
De quel côté sortir ? D'où vient que je frissonne ?
Quelle horreur me saisit ! grâce au ciel, j'entrevoi......
Dieux ! quels ruisseaux de sang coulent autour de moi !

(Prenant Pylade pour Pyrrhus.)

. . . . Quoi, Pyrrhus, je te rencontre encore !
Trouverai-je partout un rival que j'abhorre !
Percé de tant de coups, comment t'es-tu sauvé ?
Tiens, tiens, voilà le coup que je t'ai réservé.
Mais que vois-je ? à mes yeux Hermione l'embrasse ;
Elle vient l'arracher au coup qui le menace !
Dieux ! quels affreux regards elle jette sur moi !
Quels démons, quels serpents traîne-t-elle après soi ?
Hé bien, filles d'enfer, vos mains sont-elles prêtes ?
Pour qui sont ces serpents qui sifflent sur vos têtes ?
A qui destinez-vous l'appareil qui vous suit ?
Venez-vous m'enlever dans l'éternelle nuit ?
Venez ; à vos fureurs Oreste s'abandonne !
Mais non : retirez-vous, laissez faire Hermione ;
L'ingrate mieux que vous saura me déchirer ;
Et je lui porte enfin mon cœur à dévorer.

RACINE , Andromaque, scène dernière.

SEPTIÈME LEÇON.

BLAISEMENT. — ZÉZAIEMENT.

Le blaisement ou zézaiement provient d'une faiblesse d'articulation dans les sifflantes *c*, *s*, et dans les labiales *j*, *ch*. La langue, trop molle, tombe entre les dents et fait prononcer les *s*, *c*, *j*, *ch*, comme des *ze ze* mouillés.

Commencez par doubler l'articulation de toutes les sommo-linguales, *n*, *l*, *d*, *t*, *r*. Travaillez-les plusieurs jours ainsi, en y employant toutes vos forces.

PREMIER EXERCICE.

ne, ne, ne, ne, ne, ne, ne.
le, le, le, le, le, le, le.
de, de, de, de, de, de, de.
te, te, te, te, te, te, te.
re, re, re, re, re, re, re.

Si vous ne pouvez prononcer le *r* sans grasseyer, ne travaillez que sur les quatre précédents mouvements.

Lorsque, par ce premier travail, vous êtes arrivé à faire distinctement entendre chacune des sommo-linguales, il faut passer à l'articulation des dernières labiales, *m*, *b*, *p*, toujours en les doublant, en les triplant si vous pouvez.

DEUXIÈME EXERCICE.

me, me, me, me, me, me.
be, be, be, be, be, be.
pe, pe, pe, pe, pe, pe.

En faisant le travail de *m*, *b*, *p*, vous n'en négligerez pas, pour cela, celui des sommo-linguales ; vous les articulerez ensemble ; ainsi :

TROISIÈME EXERCICE.

ne, ne, ne, ne, ne, ne.
le, le, le, le, le, le.
de, de, de, de, de, de.
te, te, te, te, te, te.
re, re, re, re, re, re.
me, me, me, me, me, me.
be, be, be, be, be, be.
pe, pe, pe, pe, pe, pe.

Quelques jours après, les lèvres ayant acquis plus de force, les *m*, *b*, *p* éclatant bien, vous y ajoutez les *denti-labiales*, *v*, *f*, que vous travaillez toujours conjointement avec les autres précédentes consonnes.

QUATRIÈME EXERCICE.

ne, le, de, te, re.
me, be, pe, ve, fe.
ne, le, de, te, re.
me, be, pe, ve, fe.
ne, le, de, te, re.
me, be, pe, ve, fe.
ne, le, de, te, re.
me, be, pe, ve, fe.
ne, le, de, te, re.

Enfin, ainsi préparé par un travail consciencieux, qui doit avoir duré une quinzaine de jours, vous attaquez le défaut; vous commencez à essayer les sifflantes. Serrez les dents en appuyant les lèvres dessus avec le plus de force possible, cherchez bien à ne laisser aucun passage à l'air. Puis, poussez le *s* avec une très-grande vigueur, prolongez ce sifflement le plus que vous pourrez.

CINQUIÈME EXERCICE.

ce, ce, ce, ce, ce, ce.
se, se, se, se, se, se.

Ne vous inquiétez plus de la langue; elle a pris de la force en travaillant les sommo-linguales, elle ne tombera plus entre les dents. Portez toute votre attention à ce que vos lèvres soient plaquées contre les dents, et à ce que celles-ci soient hermétiquement fermées.

Exercez-vous à ce travail devant une glace. Mettez tous vos soins à ce que le sifflement que vous devez produire, par la pression de l'air, soit très-fin, très-délié; ne craignez jamais de le pousser ni de le prolonger trop.

SIXIÈME EXERCICE.

ce, ce, se, se, se, ze, ze.
ce, ce, se, se, se, ze, ze.

Vous essayerez ensuite de faire ces sifflements sur des mots en *ce* ou *ces*, comme ceux-ci, par exemple :

SEPTIÈME EXERCICE.

Cinq ou six officiers gascons,
Passant un soir à Soissons,
Marchandèrent des saucissons,

Et demandèrent aux garçons :
Combien ces cinq saucissons ?
A vingt sous, c'est cent sous,
C'est cent sous ces cinq saucissons.

Répétez ces vers à satiété, et toujours en y mettant la plus grande force et le plus de finesse de son possible.

Vous n'avez plus, après avoir obtenu les sifflements aigu, doux et fort, qu'à prononcer les premières labiales : *je, ch;* lesquelles s'acquièrent en serrant les dents et en allongeant les lèvres bien en dehors, comme je l'ai dit plus haut.

HUITIÈME EXERCICE.

je, je, je, je, je, je.
che, che, che, che, che, che.

Répétez les vers suivants à haute voix, syllabiquement, doublant les consonnes et triplant les sifflantes; enfin, refaites, pour complément, ce même exercice avec les boules de caoutchouc, et vous serez corrigé.

C'est une occupation d'à peu près six semaines ou deux mois.

DERNIER EXERCICE.

RÉCIT DE LA MORT DE LAOCOON.

Prêtre du dieu des mers, pour le rendre propice,
Laocoon offrait un pompeux sacrifice,
Quand deux affreux serpents, sortis de Ténédos,

(J'en tremble encor d'horreur) s'allongent sur les flots ;
Par un calme profond, fendant l'onde écumante,
Le cou dressé, levant une crête sanglante,
De leur tête orgueilleuse ils dominent les eaux ;
Le reste au loin se traîne en immenses anneaux.
Tous deux nagent de front, tous deux des mers profondes
Sous leurs vastes élans font bouillonner les ondes.
Ils abordent ensemble, ils s'élancent des mers ;
Leurs yeux rouges de sang lancent d'affreux éclairs,
Et les rapides dards de leur langue brûlante
S'agitent, en sifflant, dans leur gueule béante.
Tout fuit épouvanté. Le couple monstrueux
Marche droit au grand prêtre ; et leur corps tortueux
D'abord vers ses deux fils en orbe se déploie,
Dans un cercle écaillé saisit sa faible proie,
L'enveloppe, l'étouffe, arrache de son flanc
D'affreux lambeaux suivis de longs ruisseaux de sang.
Leur père accourt : tous deux à son tour le saisissent,
D'épouvantables nœuds tout entier l'investissent ;
Deux fois par le milieu leurs plis l'ont embrassé,
Deux fois autour du cou leur corps s'est enlacé ;
Ils redoublent leurs nœuds ; et leur tête hideuse
Dépasse encor son front de sa crête orgueilleuse.
Lui, dégouttant de sang, souillé de noirs poisons
Qui du bandeau sacré profanent les festons,
Raidissant ses deux bras contre ces nœuds terribles
Il exhale sa rage en hurlements terribles.
Tel, d'un coup incertain par le prêtre frappé,
Mugit un fier taureau de l'autel échappé,
Qui, du fer suspendu victime déjà prête,
A la hache trompée a dérobé sa tête.

Enfin, dans les replis de ce couple sanglant,
Qui déchire son sein, qui dévore son flanc,
Il expire..... Aussitôt l'un et l'autre reptile
S'éloigne, et de Pallas gagnant l'auguste asile,
Aux pieds de la déesse, et sous son bouclier,
D'un air tranquille et fier va se réfugier.

DELILLE.

HUITIÈME LEÇON.

GRASSEYEMENT.

L'extrémité de la langue, trop molle, trop paresseuse, n'a pas la force de se lever et d'aller joindre le palais pour intercepter l'air au passage et produire le frôlement, la vibration nécessaire à l'articulation du *r;* la racine seule de la langue recule, retrécit la gorge ; l'air, en sortant de la poitrine, ne rencontre que la luette comme obstacle, l'agite, et lui fait produire ce son rauque, gras, désagréable, désigné d'une manière tout expressive par le nom de *grasseyement.*

Voici, en détail, le mode d'exercice qu'il convient d'adopter pour arriver à la parfaite articulation de la consonne *r.* Comme je l'ai dit, page 56, en parlant des sommo-linguales : pour prononcer cette consonne, toute la largeur de l'extrémité de la langue va se joindre au palais, près des dents supérieures, et intercepte l'air qui s'échappe de la poitrine; l'air comprimé, cherchant une issue, pousse la langue avec vigueur, s'échappe; mais la langue, revenant toujours à sa place et résistant toujours, occasionne un nombre de petits frappements, de petits frôlements qui forment la vibration; et la vibration est la seule et bonne articulation qu'on doive employer pour bien prononcer la dernière *sommo-linguale* r.

Vous voyez, par cette explication, que c'est à la langue que revient presque toute la peine; c'est donc à la langue qu'il convient de donner une grande force et une grande élasticité; ce qui s'obtient infailliblement en agissant ainsi :

D'abord, pour premier exercice, prononcez avec force toutes les sommo-linguales : *n, l, d, t,* et aussi les denti-labiales, *v, f,* très-nécessaires, comme point d'appui, pour enlever la langue, ainsi que je le démontrerai plus bas.

PREMIER EXERCICE.

ne, ne, ne, ne, ne, ne.
le, le, le, le, le, le.
de, de, de, de, de, de.
te, te, te, te, te, te.
ve, ve, ve, ve, ve, ve.
fe, fe, fe, fe, fe, fe.
ne, le, de, te, ve, fe.
ne, le, de, te, ve, fe.
ne, le, de, te, ve, fe.
ne, le, de, te, ve, fe.

De même, comme je l'ai recommandé en parlant de la *mollesse d'articulation,* c'est toujours en doublant et même en triplant la force exigible pour chaque mouvement que l'on réussit le mieux et le plus vite.

Après cet exercice, renouvelé plusieurs fois par jour, vous attaquez les deux mouvements sommo-linguales les plus rapprochés du *r*.

DEUXIÈME EXERCICE.

te de, te de, te de, te de.
te de, te de, te de, te de.
te de de de, te de de de, te de de de.
te de de de, te de de de, te de de de.

Si ces exercices sont poussés avec persévérance, si vous les répétez souvent dans la journée, vous vous apercevrez bientôt de plus de fermeté dans le bout de la langue ; vous sentirez que son extrémité perd de son épaisseur, qu'elle devient plus roide, que le frappement au palais acquiert de la sonorité, de la malléabilité. Le son n'en sera plus mat et cotonneux, comme dans les premiers essais. Alors, pour continuer le progrès, vous apprendrez une vingtaine de vers, en les traduisant comme ceux-ci, mettant partout des *d* où il y aura des *r*.

MODELE DE L'EXERCICE.

Oui, Mitrane, en secret l'ordre émané du trône
Remet entre tes bras Arsace à Babylone.
Que la reine, en ces lieux brillants de sa splendeur,
De son puissant génie imprime la grandeur !
Quel art a pu former ces enceintes profondes
Où l'Euphrate égaré porte en tribut ses ondes ?

VOLTAIRE.

TROISIÈME EXERCICE.

Oui, Mitedane, en sequedet l'odedede émané du tedône,
Demet entede tes bedas Adsace à Babylone.
Que la deine, en ces lieux bedillants de sa splendeude
De son puissant génie impedime la guedandeur!
Quel adde a pu fodemer ces enceintes pedofondes
Où l'Euphedate égadé podcte en tedibut ses ondes.

VOLTAIDE.

Vous arrivez au mouvement combiné maintenant : le *f* et le *d*. Le *d* est la consonne la plus proche de la vibration, celle qui fait arriver plus vite au résultat que nous désirons, surtout lorsqu'elle est d'accord avec le *f*, espèce de point d'appui qui lui sert à lancer la langue, et à la soutenir dans ses premiers essais de vibration. Vous pouvez vous en convaincre en articulant selon cette combinaison ; dites *fedan*, *fe dan*, *fe dan*, pour *franc*. Allez vite, appuyez beaucoup en pressant le mouvement *f*, et vous entendrez, ainsi que tous ceux qui vous écouteront, le mot *franc* bien distinctement.

QUATRIÈME EXERCICE.

fe dan, fe dan, fe dan, fe dan.
fe dan, fe dan, fe dan, fe dan.
fe dan, fe dan, fe dan, fe dan.
fe dan, fe dan, fe dan, fe dan.

La langue n'étant pas encore assez élastique pour revenir assez tôt continuer le mouvement, vous remarquerez bien qu'il n'y a qu'un seul frôlement dans l'essai combiné que vous faites, et il en faut bien davantage pour compléter la vibration. Vous obtiendrez la pluralité en continuant cet excellent travail pendant plusieurs jours.

CINQUIÈME EXERCICE.

ve da,	ve da,	ve da,	ve da,	ve da.
ve du,	ve du,	ve du,	ve du,	ve du.
ve dan,	ve dan,	ve dan,	ve dan,	ve dan.
fe da,	fe da,	fe da,	fe da,	fe da.
fe do,	fe do,	fe do,	fe do,	fe do.
fe du,	fe du,	fe du,	fe du,	fe du.
fe dan,	fe dan,	fe dan,	fe dan,	fe dan

be da,   be da,   be da,   be da,   be da,
be do,   be do,   be do,   be do,   be do.
be du,   be du,   be du,   be du,   be du.
be dan, be dan, be dan, be dan, be dan.
pe da,   pe da,   pe da,   pe da,   pe da.
pe do,   pe do,   pe do,   pe do,   pe do.
pe du,   pe du,   pe du,   pe du,   pe du.
pe dan, pe dan, pe dan, pe dan, pe dan.

Dans cet exercice, ne confondez pas ; n'allez pas mettre un *t* pour un *d* ; faites-y bien attention, tout serait à refaire. Avec le *t*, il est impossible d'arriver au mouvement facile que je vous indique ; cette lettre est trop rude et ne se prête à aucune des combinaisons syllabiques qui doivent amener la vibration. Elle n'était bonne et nécessaire que pour donner de la force à la langue dans le premier exercice ; passé cela, ne vous en servez plus.

Encore une recommandation : *N'essayez jamais de faire une vibration sans le concours d'une précédente consonne ;* comme dans *fedan, pedo, bedas.* Sans cela, en voulant vibrer sur des *re, ro, ra,* seuls, vous risqueriez de n'obtenir qu'une vibration pénible, défectueuse, presque aussi désagréable que le grasseyement. C'est un très-mauvais moyen, et dont il faut bien se garder. *La vibration doit venir sans qu'on la cherche.*

En répétant, selon ma méthode, les 3e, 4e et 5e exercices, très-consciencieusement, à un moment donné, quand le travail atteindra son point de maturité, vous serez étonné d'entendre rouler avec force une première vibration ; vous essayerez de la reproduire. Elle ne viendra plus. N'insistez pas. Continuez vos *fedan, fedan,* etc., répétez vos vers, elle reviendra plus facilement ; et, après deux ou trois

tâtonnements de sa part, la vibration alors arrivera franchement, bonne, rude, prolongée. Elle vous sera acquise pour
toujours.

Et c'est à présent, non avant, qu'il faut, pour adoucir
les vibrations et vous les rendre plus familières, plus naturelles, essayer d'en faire syllabiquement, comme ceci :

SIXIÈME EXERCICE.

ve rra,	ve rra,	ve rra,	ve rra.
ve rro,	ve rro,	ve rro,	ve rro.
ve rru,	ve rru,	ve rru,	ve rru.
ve rri,	ve rri,	ve rri,	ve rri.
ve rran,	ve rran,	ve rran,	ve rran.
fe rra,	fe rra,	fe rra,	fe rra.
fe rro,	fe rro,	fe rro,	fe rro.
fe rru,	fe rru,	fe rru,	fe rru.
fe rri,	fe rri,	fe rri,	fe rri,
fe rran,	fe rran,	fe rran,	fe rran,
be rra,	be rra,	be rra,	be rra.
be rro,	be rro,	be rro,	be rro.
be rru,	be rru,	be rru,	be rru.
be rri,	be rri,	be rri,	be rri.
be rran,	be rran,	be rran,	be rran.
pe rra,	pe rra,	pe rra,	pe rra.
pe rro,	pe rro,	pe rro,	pe rro.
pe rru,	pe rru,	pe rru,	pe rru.
pe rri,	pe rri,	pe rri,	pe rri.
pe rran,	pe rran,	pe rran,	pe rran.

La vibration une fois acquise sur ces mouvements, passez
à ceux-ci, beaucoup plus difficiles :

de rra,	de rra,	de rra,	de rra.
de rro,	de rro,	de rro,	de rro.

de rru,   de rru,   de rru,   de rru.
de rri,   de rri,   de rri,   de rri.
de rran, de rran, de rran, de rran,

---

te rra,   te rra,   te rra,   te rra,
te rro,   te rro,   te rro,   te rro,
te rru,   te rru,   te rru,   te rru,
te rri,   te rri,   te rri,   te rri,
te rran,   te rran,   te rran,   te rran.
que rré,   que rré,   que rré,   que rré.
que rra,   que rra,   que rra,   que rra.
que rro,   que rro,   que rro,   que rro.
que rru,   que rru,   que rru,   que rro.
que rri,   que rri,   que rri,   que rri.
que rran, que rran, que rran, que rran.

La vibration allant facilement dans toutes ces combinaisons, il ne manque plus que la pratique usuelle pour vous perfectionner. Vous pourrez la hâter beaucoup en apprenant une trentaine de vers, arrangés comme dans l'exercice suivant, que vous répéterez à haute voix, syllabiquement, *et toujours appuyant avec une égale force sur toutes les consonnes indistinctement, sur le b, le v, le c, autant que sur le r.* Vous prolongerez la vibration le plus que vous pourrez en respirant souvent. Vous ajouterez, comme point d'appui, *un e muet* à tous les mots en *r* final qui en manqueraient : cœur, cœur*e*; voir, voir*e*; et aussi dans le milieu des mots qui ne vous offriraient pas assez de facilité pour vibrer longuement : porte, por*e*te; chrétien, que*ré*-tien; crédit, que-*ré*-dit, etc., posez bien toute votre force sur ces *re*-là.

La respiration, bien distribuée, est encore d'un puissant

5.

secours pour le perfectionnement de ce travail ; elle ajoute beaucoup à la force d'articulation ; plus vous voudrez appuyer, prolonger vos mouvements articulaires, plus vous devrez respirer. Ne craignez donc pas de vous arrêter à chaque mot ; au contraire, respirez largement après deux ou trois syllabes au plus ; arrêtez-vous, aspirez à votre aise, et recommencez toujours de même, de trois en trois syllabes, jusqu'à la fin du morceau que vous répétez. — En très-peu de temps vous serez corrigé.

A MONSIEUR DE LAROCHEFOUCAULD

DUC DE DOUDEAUVILLE.

Si cet ouvrage a rendu quelque service dans l'*Instruction*, s'il en doit rendre encore, s'il est digne enfin de quelque bienveillance, c'est à vous, MONSIEUR LE DUC, que le public doit en faire remonter ses remercîments; car c'est à votre noble et toute bienveillante protection que je dois l'insigne honneur d'être membre du Conservatoire.

Vous n'avez pas dédaigné, MONSIEUR LE DUC, vous, alors *Ministre des Beaux-Arts*, de tendre la main à un pauvre et timide artiste qui, sans vous, n'eût jamais rien été. Aussi ma reconnaissance pour vous tient-elle de la religion! Et pouvoir vous l'exprimer ici à haute voix me semble un des moments les plus heureux de ma vie.

Daignez donc, MONSIEUR LE DUC, accepter la dédicace de ce modeste livre, non pour son mérite, mais comme l'expression vivante de l'éternelle reconnaissance de

Votre respectueux et dévoué serviteur,

M. MORIN,

MODÈLE DE L'EXERCICE
POUR LA VIBRATION.

La Grèce en ma faveur est trop inquiétée :
De soins plus importants je l'ai crue agitée,
Seigneur ; et, sur le nom de son ambassadeur,
J'avais dans ses projets conçu plus de grandeur.
Qui croirait en effet qu'une telle entreprise
Du fils d'Agamemnon méritât l'entremise ;
Qu'un peuple tout entier, tant de fois triomphant,
N'eût daigné conspirer que la mort d'un enfant ?
Mais à qui prétend-on que je le sacrifie ?
La Grèce a-t-elle encor quelque droit sur sa vie ;
Et seul de tous les Grecs ne m'est-il pas permis
D'ordonner des captifs que le sort m'a soumis ?
Oui, seigneur, lorsqu'au pied des murs fumants de Troie
Les vainqueurs tout sanglants partagèrent leur proie,
Le sort, dont les arrêts furent alors suivis,
Fit tomber en mes mains Andromaque et son fils.
Hécube près d'Ulysse acheva sa misère ;
Cassandre dans Argos a suivi votre père :
Sur eux, sur leurs captifs, ai-je étendu mes droits ?
Ai-je enfin disposé du fruit de leurs exploits ?
On craint qu'avec Hector Troie un jour ne renaisse !
Son fils peut me ravir le jour que je lui laisse !
Seigneur, tant de prudence entraîne trop de soin ;
Je ne sais point prévoir les malheurs de si loin.

DERNIER EXERCICE.

La Gueréce en ma faveure est terop inquiétée :
De soins plus imporetants je l'ai querue agitée,
Seigneure ; et, sure le nom de son ambassadeure,
J'avais dans ses perojets conçu plus de guerandeure.
Qui queroirait en effet qu'une telle entereperise
Du fils d'Agamemnon méritât l'enteremise ;
Qu'un peuple tout entier, tant de fois teriomphant,
N'eût daigné conspirer que la more d'un enfant ?
Mais à qui perétend-on que je le saquerifie ?
La Guerèce a-t-elle encore quelque deroit sure sa vie ;
Et seul de tous les Guerecs ne m'est-il pas pèremis
D'oredonner des captifs que le sore m'a soumis ?
Oui, seigneure, loresqu'au pied des mures fumants de Teroie
Les vainqueures tout sanglants paretagèrent leure peroie,
Le sore, dont les arrêts furent alores suivis,
Fit tombé r'en mes mains Anderomaque et son fils.
Hécube perès d'Ulysse acheva sa misère ;
Cassandere dans Aregos a suivi votere père :
Sur eux, sure leures captifs, ai-je étendu mes deroits ?
Ai-je enfin disposé du feruit de leures exploits ?
On queraint qu'avec Hectore Teroie un joure ne renaisse !
Son fils peut me ravire le joure que je lui laisse !
Seigneure, tant de perudence enteraîne terop de soin ;
Je ne sais pas perévoir les malheures de si loin.

Je songe quelle était autrefois cette ville
Si superbe en remparts, en héros si fertile,
Maîtresse de l'Asie ; et je regarde enfin
Quel fut le sort de Troie et quel est son destin :
Je ne vois que des tours que la cendre a couvertes,
Un fleuve teint de sang, des campagnes désertes,
Un enfant dans les fers : et je ne puis songer
Que Troie en cet état aspire à se venger.
Ah ! si du fils d'Hector la perte était jurée,
Pourquoi d'un an entier l'avons-nous différée ?
Dans le sein de Priam n'a-t-on pu l'immoler ?
Sous tant de morts, sous Troie, il fallait l'accabler.
Tout était juste alors : la vieillesse et l'enfance
En vain sur leur faiblesse appuyaient leur défense ;
La victoire et la nuit, plus cruelles que nous,
Nous excitaient au meurtre et confondaient nos coups,
Mon courroux aux vaincus ne fut que trop sévère.
Mais que ma cruauté survive à ma colère ?
Que, malgré la pitié dont je me sens saisir,
Dans le sang d'un enfant je me baigne à loisir ?
Non, seigneur. Que les Grecs cherchent une autre proie ;
Qu'ils poursuivent ailleurs ce qui reste de Troie.
De mes inimitiés le cours est achevé ;
L'Épire sauvera ce que Troie a sauvé.

RACINE.

Je songe quelle était autercfois cette ville
Si supèrebc en remparcs, en héros si fèretile,
Maîteresse de l'Asie : et je regarede enfin
Quel fut le sore de Teroie et quel est son destin.
Je ne vois que des toures que la cendere a couveretcs,
Un fleuve teint de sang, des campagnes désèretcs,
Un enfant dans les fcres ; et je ne puis songer
Que Teroie en cet état aspire à se venger.
Ah ! si du fils d'Hectorc la pèrete était jurée,
Pourequoi d'un an entier l'avons-nous différée ?
Dans le sein de Periam n'a-t-on pu s'immoler?
Sous tant de mores, sous Teroie, il fallait l'accabler.
Tout était juste alores : la vieillesse et l'enfance
En vain sure leure faiblesse appuyaient leure défense ;
La victoire et la nuit, plus quercuelles que nous,
Nous excitaient au meuretcre et confondaient nos coups.
Mon couroux aux vaincus ne fut que terop sévère.
Mais que ma queruauté surevive à ma colère ?
Que, malgueré la pitié dont je me sens saisire,
Dans le sang d'un enfant je me baigne à loisire?   [peroie.]
Non, seigneure. Que les Guerecs chèrechent quelque autere
Qu'ils pouresuivent ailleures ce qui reste de Teroie.
De mes inimitiés le coures est achevé ;
L'Épire sauvera ce que Teroie a sauvé.

RACINE.

Comme complément additionnel, en répétant des vers ou en lisant à haute voix, mettez toujours, pendant quelques semaines, des boules de caoutchouc, jusqu'à ce que vous n'éprouviez plus aucune gêne en vibrant, même dans la conversation ordinaire.

NEUVIÈME LEÇON.

BÉGAIEMENT.

Un bègue prononce très-bien, sans hésitation, quand il chante ; c'est connu de tout le monde, ou ceux qui l'ignorent peuvent s'en convaincre en faisant chanter une personne atteinte de ce vice de prononciation. Eh bien! puisque ce bègue prononce, puisqu'il peut articuler *toutes les consonnes, toutes les voyelles*, ne cherchons donc pas de moyens autres que celui qu'il possède déjà. Aidons-le, guidons-le, et nous réussirons. Pourquoi prononce-t-il parfaitement quand il chante? Parce qu'il a une mesure, un point d'appui, parce qu'il sait ce qu'il fait. Donnons-lui cette mesure, ce point d'appui; apprenons-lui en quoi consistent les différentes articulations, les mouvements pour telle ou telle lettre ; qu'il sache enfin ce qu'il faut faire en parlant : il parlera.

Souvent, dans les enfants très-jeunes, nerveux, vifs d'imagination, lorsque les nerfs composant les différentes articulations vocales ne sont pas encore assez forts pour obéir spontanément à la volonté de l'esprit, j'ai remarqué un bredouillement, une espèce d'hésitation à dire le mot. L'enfant, irrité de cette désobéissance, se révolte, veut prononcer quand même ; un petit spasme nerveux arrive alors, qui détruit les articulations commencées et produit ce qu'on appelle le bégaiement. Témoin attentif de ces accidents, je prenais alors cet enfant, je lui faisais dire quelques mots avec une forte accentuation, en cadence, battant la mesure avec sa main ou son doigt ; et, à l'instant, il les prononçait parfaitement bien ; et, en suivant ce mode d'enseignement, toujours, et très-vite, j'obtenais une pleine guérison.

Après quelques années d'application et de différents essais, j'ai acquis la conviction que si l'on s'occupait de la prononciation d'un enfant dès l'âge de quatre à cinq ans, il n'y aurait jamais un seul bègue.

Si des parents attentifs, prévenants, veulent préserver leurs enfants de ce malheureux défaut, ils n'auront qu'à suivre ou faire suivre sous leurs yeux, par un bon professeur, la méthode que je conseille et que j'explique, page 64, à ma sixième leçon, sous le titre de *mollesse d'articulation*. C'est ce travail-là qu'il faut faire ; il suffira.

Mais, ici, c'est plus sérieux, plus long ; le travail s'adresse à des jeunes gens de dix à seize ans. A cet âge, on peut être encore sûr d'une prompte et parfaite guérison. Plus tard, c'est difficile, cela tient souvent à plusieurs causes que je ne puis expliquer en cet ouvrage. Il est donc d'un puissant intérêt que les parents, pour faire entreprendre la guérison de ce défaut de prononciation, n'attendent pas que leurs enfants parviennent à un âge trop avancé.

PREMIER EXERCICE

POUR CORRIGER LE BÉGAIEMENT.

Vous devez commencer par les voyelles. Suivre scrupuleusement le tableau que j'ai tracé, pages 4 et 5.

é, è, ë, ê, ö, ă, ā, in, an, e, èu, ō, un, on,
e, ū, ou, u, i, y.

Porter toute votre attention sur les sons très-ouverts et les
nasales è, é, o, a, a, in, an, pages 6 et 25; que la bouche,
en les appelant, s'ouvre bien et vite.

Pour juger si l'ouverture de la bouche est suffisante,
vous n'avez qu'à passer votre doigt transversalement entre
les dents. Si le doigt entre et sort librement, c'est bien, c'est
ce qu'il faut.

Faites ces appellations comme si vous preniez une leçon
de solfége. Allez en mesure; que chaque voyelle ait la
valeur d'une blanche.

CROISSANCE PROGRESSIVE.

DÉCROISSANCE PROGRESSIVE.

Vous ne passerez aux consonnes qu'après avoir obtenu,
par cet exercice, une ouverture de bouche prompte et facile.

Même répétition pour les consonnes. Faites tous les mouvements suivant les principes posés pages 55, 56, 57. Labiales
fortes *j*, *g*, *ch;* labiales douces, *m*, *b*, *p;* denti–labiales,
v, *f*, *ph;* sifflantes aiguës, *c*, *s*, *t*, *x*, *z;* sifflantes douces,
s, *x*, *z;* linguales, *n*, *l*, *d*, *t*, *r;* radico–linguales dures, *c*,
q, *k*, *g*, *ch*, *x;* douces, *g*, *c*, *x;* radico-linguale sifflante *x;*
toto-linguales *ll*, *lh*, *gn;* gutturale, *h.* Mettez-y le plus grand
soin, la plus minutieuse patience. Sitôt que vous vous apercevez d'un obstacle, d'un mouvement fébrile, d'une résistance
quelconque pour articuler une consonne, tournez la difficulté:
prononcez-la en chantant. Par exemple, mettez les consonnes
rebelles sous toutes les notes de l'air : *Au clair de la lune,*
Vive Henri Quatre.

DEUXIÈME EXERCICE.

Au clair de la lune.

Supposons que les labiales soient les consonnes qui ne peuvent être articulées sans hésitation ; voici ce qu'il faut faire :

Vive Henri Quatre.

me, be, pe, ve, fe, me, be, pe, ve, fe,

me, be, pe, ve, fe, me, be, pe, ro, fe, me,

be, pe, ve, fe, me, be, pe, ve, fe, me, be, pe, ve.

Chantez lentement d'abord, en appuyant bien, en battant la mesure avec la main ou le doigt ; pressez, doublez, triplez le mouvement, sitôt que vous le pourrez ; puis, revenez au parler : la difficulté sera vaincue.

Recommencez ainsi sur toutes les consonnes, s'il le faut ; une fois arrivé à bout de cette étude, toujours exécutée tranquillement, sans la moindre impatience, sans vous presser, en vous *hâtant lentement*, vous essayez des mots syllabiques.

TROISIÈME EXERCICE.

En mesure à trois temps.

je, ja. | ji, jo. | ja, ju.
che, cha. | chi, cho. | cha, chu.
me, ma. | mi, mo. | ma, mu.
be, ba. | bi, bo. | ba, bu.
pe, pa. | pi, po. | pa, pu.

ve,	va.	vi,	vo.	vo,	vu.
fe,	fa.	fi,	fo.	fo,	fu.
ce,	sa.	ci,	so.	so,	su.
ze,	za.	zi,	zo.	zo,	zu.
ne,	na.	ni,	no.	no,	nu.
le,	la.	li,	lo.	lo,	lu.
de,	da.	di,	do.	do,	du.
te,	ta.	ti,	to.	to,	tu.
re,	ra.	ri,	ro.	ro,	ru.
ke,	ka.	ki,	ko.	ka,	ki.
gne,	gua.	gui,	guo.	gui,	gu.
gne,	gna.	gni,	gno.	gni,	gnu.
he,	ha.	hi,	ho.	hi,	hu.

Dites-les ensuite, sans chanter, en accentuant fortement. Après avoir triomphé de toutes ces articulations, vous apprenez des vers, que vous répétez à haute voix ; syllabiquement d'abord, et en mesure ; exemple :

EXERCICE SYLLABIQUE.

(Voir la leçon, page 66.)

EXERCICE EN MESURE.

Oui Platon — tu dis vrai — notre âme — est immortelle —
C'est un dieu — qui lui parle — un dieu — qui vit en elle —
Et d'où viendrait — sans lui — ce grand pressentiment —
Ce dégoût — des faux biens — cette horreur — du néant —
Vers des siècles — sans fin — je sens — que tu m'entraînes —

Du monde — et de mes sens — je vais briser — les chaînes —
Et m'ouvrir — loin du corps — dans la fange — arrêté —
Les portes — de la vie — et de — l'Éternité —
L'Éternité — quel mot — consolant — et terrible —
O lumière — ô nuage — ô profondeur — horrible —
Que dis-je — où suis-je — où vais-je — et d'où suis-je tiré —
Dans quels climats — nouveaux — dans quel monde — ignoré —
Le moment — du trépas — va-t-il plonger — mon être —
Où sera — cet esprit — qui ne peut — se connaître —
Tu te caches — de nous — dans nos jours — de sommeil —
Cette vie — est un songe — et la mort — un réveil.

VOLTAIRE, Imité du Caton d'Addison.

Puis, vous en apprenez d'autres que vous déclamez ; c'est-à-dire, vous les répétez en faisant sentir les longues et les brèves, vous arrêtant à la césure, à l'hémistiche ; enfin, vous les chantez comme on le faisait anciennement.

EXERCICE DÉCLAMÉ (1).

PROPHÉTIE DE JOAD.

Màis d'où vient quĕ mōn cœŭr-frémit d'ūn saint effrŏi ?
Est-ce l'Esprit divin-qui s'ēmpăre dĕ mŏi ?
C'.èst lui-même. Il m'échauffe ;-il părle ; mĕs yeūx s'oŭvrent,
Et lĕs siĕclĕs ōbscurs-dĕvánt moi sĕ décoŭvrent.
Lévités, dĕ vōs sōns-prêtez-mŏi lĕs ăccŏrds,

---

(1) Dans les mots couronnés de deux signes, le plus haut est pour dési-
gner le son aigu ou grave, et l'autre la longeur ou la brièveté de la syllabe.

Et dĕ cĕs mouvemĕnts-sĕcŏndez lĕs trānspŏrts.
Ciēux, écoutez mä vŏix ;-tèrre, prête l'ŏrèille :
Nĕ dis plus, ô Jâcŏb,-quĕ tōn Seignĕur sŏmmèille.
Péchĕurs, dispăraissez,-lĕ Seignĕur sĕ révèille.
Cömmēnt ēn ūn plomb vil l'ŏr pūr s'ĕst-il chāngé ?
Quèl ĕst dañs lĕ lièu saint-cĕ pontīfe égŏrgé ?
Plĕure, Jérusălem;-plĕure, cité pèrfīde,
Dĕs prŏphĕtĕs diviñs-mălheūreūse hŏmicīde ;
Dĕ sōn ămoūr poūr tŏi-tōn Dièu s'ĕst dépōuillé ;
l'ōn cñceñs, ă sĕs yeūx,-ĕst ūn eūceñs soūillé.

Où mĕnez-vous cĕs eñfañts ét cĕs fĕmmes ?
Lĕ Seignĕur ă détrūit-lă rèine dĕs cités.
Sĕs prĕtrĕs sont căptīfs,-sĕs rŏis soñt rĕjĕtés ;
Dièu nĕ veūt plus qu'ōn viènne-à sĕs sŏlĕnnités.
l'eñplĕ, rēnvèrse-tŏi !-cĕdrĕs, jĕtez dĕs flāmmes !

Jérusalèm, ŏbjĕt dĕ mä doūlĕur,
Quèlle maīn, eñ ūn joūr,-t'ă rávi toūs tĕs chărmes ?
Qui chāngĕră mes yeūx-en deūx soūrces dĕ lármes,
Poūr pleūrer tōn mălhĕur ?

Quèlle Jérusălèm nōuvèlle
Sŏrt du fōnd du désèrt-brillāntĕ dĕ clărtés,
Et pŏrte sur lĕ frōnt-ūnĕ mărque immŏrtèlle ?
Pĕuplĕs dĕ lă tèrre, chāntez !
Jérusălèm ıĕnaît-plus chărmānte ét plus bèlle.

D'ōù lui viènnent dĕ toūs cōtés
Cĕs eñfañts qu'eñ son sein-ellʰe n'a point portés ?
Lĕve, Jérusălèm,-lève tă tête ăltière ;
Rĕgărdĕ toūs cĕs rŏis-dĕ tă glŏire étŏnnés !

Lĕs rŏis dĕs nātiōns,-dĕvānt tŏi prŏstĕrnés,
 Dĕ tĕs piéds băisent lă poŭssière.
Lĕs pĕuplĕs ă l'ēnvi-mărchĕnt à tă lumière.
Hĕurĕux qui, poŭr Siōn,-d'ūnĕ saiñte fĕrveŭr
 Sēntiră sŏn âme eñbrāsée !
  Cieūx, répāndez vŏtrc rōsée,
 Et quĕ lă tĕrrc eñfañtĕ soñ Saŭveŭr.

     R ACINE (*Athalie*).

Vous pourrez, après ce travail, commencer l'emploi des
boules de caoutchouc, selon les principes posés dans mes
précédentes leçons. Comme il est préférable et plus facile
de changer de mots en changeant d'exercice, vous apprendrez d'autres vers, mais vous les direz maintenant
avec le ton ordinaire, le plus naturellement possible, lentement d'abord, et toujours bi∩n articulés ; ensuite de plus vite
en plus vite.

DERNIER EXERCICE (PARLE).

Je suis le médecin appelé pour l'enfant...
Laissez-moi là, — dehors attendez un instant...
Je vous prie—oh ! mon cœur !... Père ! allons, du courage...
C'est pour sauver ta fille ! achève ton ouvrage.
Ils se sont éloignés tous les trois... aucun bruit...
Aucun... j'ai réussi !... je recueille le fruit
De mes souffrances ! Oh ! tu m'as pris sous ta garde,
Mon Dieu ! je suis heureux ! oui, bien heureux ! regarde !
A travers mes bourreaux ton bras m'a fait passer.
Et me voilà près d'elle et je vais l'embrasser ! ▬

O ciel! si mon enfant, si Marie, à ma vue,
Allait fuir! avoir peur! ô douleur imprévue!
Mes esprits à ce coup n'étaient pas préparés. —
Depuis, — je crois... deux ans... nous sommes séparés!
Et dans cet infini de tourments, de torture,
Souffrant tout ce qu'on peut souffrir dans la nature,
Mes traits ont dû vieillir d'un siècle... Oh! oui... comment
Ai-je fait pour ne point songer à ce moment,
A ce jour de bonheur où je verrai ma fille!
J'aurais su conserver un visage tranquille;
Je n'aurais pas souffert, je n'aurais pas pleuré
De ces larmes de sang qui m'ont défiguré!
Ah! lorsque sous mes yeux on massacra sa mère,
Si j'avais pu songer, en ma douleur amère,
A cet ange qui n'a plus que moi pour soutien,
J'aurais vu cette mort en martyr, en chrétien.
La douleur sur mes traits n'eût fait aucun ravage...
Ma fille m'eût donné ce sublime courage!

Morin (de Clagny).

Quoique corrigé, vous continuerez longtemps à faire ce travail; repassant vos premiers exercices, puis les seconds, les troisièmes; répétant vos vers, vous servant de vos boules de caoutchouc, un jour l'un, un jour l'autre; allant vite, lentement; surveillant toujours les consonnes ou les voyelles qui vous auraient plus particulièrement donné de mal. Enfin, c'est un soin qui peut durer six mois comme plus d'une année; mais, en ceci, le temps ne fait rien à l'affaire: trop heureux d'en être quitte.

CONSEILS GÉNÉRAUX.

La mollesse d'articulation, le grasseyement, les sons ouverts *e* et *eu*, prononcés souvent comme des sons fermés, sont les fautes d'accent ordinaires aux Parisiens. C'est donc sur ce travail qu'ils doivent porter leur attention.

Voir : la *mollesse d'articulation*, les *voyelles ouvertes*, et la leçon sur le *grasseyement* : pages 64, 4, 73.

Le grasseyement le plus guttural, les *e* muets prononcés tous comme des *é* fermés, les nasales comme des voyelles ouvertes ou labiales, voilà les principaux défauts de l'articulation marseillaise et provençale.

Voir, pour se corriger, les *voyelles ouvertes* et *nasales*, et la leçon sur le *grasseyement* : pages 6, 25, 73.

Les habitants du midi de la France, Toulousains, Bordelais, Nîmois, etc., prononcent tous les *e* ouverts ou muets comme des *é* fermés. Ils ne connaissent aucune élision, aucune voyelle muette; tout est prononcé, quand même; les nasales sont toujours des voyelles très-ouvertes; nulle observation des règles de la prosodie.

Pour se corriger, étudier avec soin les leçons sur les *voyelles ouvertes* et *nasales;* s'occuper de la progression croissante et décroissante de la mâchoire pour les *voyelles brèves* ou *longues;* faire usage des boules de caoutchouc;

prononcer lentement, syllabiquement ; et faire tous ses efforts pour ralentir les mouvements trop vifs d'articulation : pages 6, 25, 66.

Les Lyonnais, Rouennais, Normands, traînent les voyelles en les fermant toutes : beaucoup grasseyent.

Voir aux leçons sur la *mollesse d'articulation*, sur la connaissance à prendre des différentes *voyelles longues* ou *brèves*, et sur la correction du *grasseyement* : pages 64, 47, 73.

Les Lillois ont de la lourdeur dans la prononciation ; des sons graves pour des sons aigus : *ā* pour *ă*, etc., etc. ; s'occuper spécialement de la *mollesse d'articulation*, du *travail syllabique*, et faire usage des boules de caoutchouc : pages 64, 66.

Chez les Hollandais, les Belges, même défaut, avec plus de mollesse encore dans les articulations labiales ; même correctif : *travail syllabique* et des boules « pages 64, 66.

Les Allemands se distinguent par une absence complète des articulations labiales, et par une prononciation entière-ment gutturale. Poser la voix par un travail bien attentif sur l'émission de chaque voyelle, selon mon *tableau*, page 4 ; ensuite travailler, avec des boules de caoutchouc, tout le mécanisme des consonnes, et, particulièrement les *t*, les *d*, les *b*, les *p*, les *v*, les *f*, et toutes les *sifflantes*. C'est un accent difficile à corriger.

Les Russes, au contraire, prennent l'accent français avec la plus grande facilité. Ils doivent porter de préférence leur travail sur les *voyelles ouvertes*, page 6, et sur la *mollesse d'articulation*, page 64.

Les Anglais ont la prononciation toute gutturale. Faute de règles certaines, l'accent français et notre mode d'articulation ont été, jusqu'à présent, pour eux, d'une très-grande difficulté. Tout est positif, sérieux, avec les Anglais. L'oreille ne les servant peut-être pas aussi bien qu'elle sert beaucoup d'autres nations, ils veulent logiquement se rendre compte de tout. Là était la difficulté, puisque les grammaires et nos dictionnaires ne font à peine qu'effleurer ce sujet. Maintenant, en suivant ma méthode, il leur sera facile d'arriver à une bonne prononciation française.

Pour arriver à ce résultat, les Anglais doivent, avant tout, s'occuper du son de la voyelle *a* aiguë, lequel n'existe pas dans leur langue. C'est une dificulté qu'ils vaincront en ouvrant la bouche comme je l'explique à la deuxième leçon, page 6. Les Anglais prononcent *champĕgne* pour *champăgne*, et la voix, au lieu de venir frapper le haut du palais, près des dents, reste dans la gorge; de là la fausse intonation. Après ce son *ă*, ils ont peine encore à prononcer les voyelles nasales, *un*, *in*, *on*, *an*; voir, page 25, ce qu'il faut faire pour arriver facilement à les énoncer; travailler à émettre ces sons nasals; bien ouvrir la mâchoire; faire mouvoir principalement la partie inférieure de la bouche. Enfin, dernière et importante observation, il ne faut pas pour parler français traîner aucun son et le prendre de la gorge. *Toute la prononciation française se passe sur le devant de la bouche, elle exige un mouvement incessant des lèvres, et elle veut que le fort de la voix, l'accent, se porte sur la dernière syllabe du mot, sur le dernier son de la phrase.* Ce qui est tout le contraire dans la langue anglaise. Voici un exemple, ce qui me fera bien comprendre des Anglais : dans le mot *déclamation*, le Français porte la force du son sur la dernière syllabe *tion*, et appuie légèrement sur *dé*; l'Anglais fait absolument le contraire : il porte toute la force de l'accent sur le *dé*, et fait à peine entendre la dernière syllabe *tion.* Toute la difficulté pour acquérir l'accent français est presque dans cette seule observation. Changer la tonique de place, c'est-à-dire le son le plus fort, ce qui est l'accent; le mettre, pour parler français, sur la dernière voyelle du mot de la phrase, du discours, comme ceci :

Plût aux *dieux* que vous-*mêmes* eussiez *vu* de quel *zèle*
Cette *troupe* entrep*rend* une ac*tion* si *belle.*

CORNEILLE (Cinna).

Compléter ce travail par l'étude des voyelles, page 4, surtout des *voyelles ouvertes* et *labiales,* pages 6 et 18; ensuite des *consonnes,* p. 53; des *consonnes labiales,* p. 55; ensuite de la leçon sur la *mollesse d'articulation,* page 64; puis de l'*exercice syllabique,* p. 66, pour la force articulaire; et de l'*exercice déclamé,* pour la mesure des sons, page 94.

COURS DE LECTURE A HAUTE VOIX.

> En lisant, c'est l'esprit, non l'oreille, qui donne le ton et l'inflexion.
>
> MORIN (de Clagny).

Mon intention, en donnant ici quelques conseils sur l'art de bien lire à haute voix, n'est pas d'incriminer tout ce qui a été fait sur ce sujet ; encore moins de critiquer les auteurs des différents ouvrages parus avant celui-ci. Je veux, je dois seulement dire franchement ce que le travail et une longue expérience pratique m'ont surabondamment prouvé : qu'il est impossible de noter la parole. Tous ces savants écrivains ont cru qu'ils se feraient bien comprendre en créant des méthodes, spirituelles sans aucun doute, mais certainement nulles comme véritable résultat. Tous ces signes pour baisser, élever, diminuer, enfler la voix, ne sont que des guides trompeurs, de véritables obstacles. Au lieu d'aider à atteindre le but, ils aveuglent et ils en éloignent à jamais. On devient déclamateur ; on y gagne une diction monotone, insupportable, incorrigible.

La voix humaine, la voix parlée, a des inflexions incalculables. Chacun possède, si je puis me faire comprendre ainsi, un clavier qui lui est tout à fait personnel ; ce clavier, cette voix inhérente à l'individu, dans l'un est composé de sons hauts, aigus, perçants ; dans l'autre, de sons graves, bas, sourds, sans étendue. Dans les parleurs, ainsi que dans les chanteurs, il y a les ténors, les barytons, les basses, les soprani, les contralti, les voix larges, étroites, légères, lourdes, justes, fausses, etc., etc., etc. Ajoutez à cette énumération, que la voix parlante possède mille et mille inflexions impossibles à classer mécaniquement. En chantant, l'oreille est le seul guide de la voix. La voix chantante est véritablement un autre organe. En parlant, c'est l'esprit, et non l'oreille, qui donne le ton et l'inflexion. Comment peut-on, alors, sans recourir à l'intelligence, saisir matériellement cette nuance impalpable et la marquer en signe visible, compréhensible pour tous ? C'est impossible. L'élève, sans intelligence pourra-t-il, en le lisant, comprendre l'homme de génie? Non. Notez-lui tous les mots en barre, en double ou triple barre, faites-lui enfler la voix, faites-la lui baisser... ce sera une véritable mécanique, voilà tout; de sa bouche sortira un son, mais point de sens. Si l'élève est intelligent, s'il veut se soumettre à ce diapazon de la parole, son esprit disparaîtra. Ses inflexions, justes quand il parle, lorsqu'il exprime ce qu'il éprouve, ce qu'il sent, deviendront, comme celles de l'élève inintelligent, des sons vides de sens et d'esprit; jamais il ne pourra se faire apprécier ni comprendre.

Apprendre par cœur est une autre méthode, moins nuisible que les précédentes. Elle peut aider au développement de l'intelligence, faire bien comprendre ce qu'on récite; mais elle n'atteint pas encore le véritable but de la lecture à haute voix, elle n'épure pas l'organe. Et puis, avec elle, on court plusieurs dangers : celui de vous faire le perroquet du professeur qui donne la leçon, et celui, non moins nuisible, de devenir ce qu'on appelle, en termes de collége, un barbouilleur.

On finit, à force d'avoir été sériné, par répéter assez passablement une pièce de vers ou de prose, un morceau d'éloquence, une fable; mais, en dehors de cette besogne, on ne sait plus rien : c'est à recommencer.

Comme je l'ai déjà dit, en parlant ou en lisant, ce qui doit être synonyme, *c'est l'esprit, et non l'oreille, qui donne le ton et l'inflexion.* Pour bien lire à haute voix, il faut bien penser et bien articuler, c'est-à-dire pouvoir parfaitement énoncer les mots après les avoir bien compris; et cela sans forcer en rien la voix. La lecture est une causerie spirituelle, une conversation attachante.

Pour arriver à ce résultat, voici les conseils que je donne

à mes élèves. Je les résume ici le plus succinctement possible :

Avant toute chose, le mécanisme de la parole ;

Travailler l'articulation avec beaucoup de soins :

Sans une bonne articulation, il n'y a pas de bons lecteurs possibles ;

Corrigerles mauvais accents français ou les accents étrangers, tous les vices de la prononciation ;

Etudier scrupuleusement les lois de notre prosodie.

Lorsque l'on a fait avec conscience ce travail préparatoire, on s'occupe alors de poser la voix. Pour cela, il faut lire à haute voix des morceaux oratoires : narrations, exordes, en vers et en prose, d'un style large et raisonné. Il faut lire lentement, très-lentement, en respirant souvent ; avoir toujours présent à la mémoire ceci : que le manque de respiration est un obstacle insurmontable pour arriver à bien lire. On ne peut jamais respirer trop souvent, c'est une loi de nature; nous n'avons d'inflexions vraies, naturelles, qu'à cette condition.

Après avoir posé la voix, ainsi que je le conseille, on prend des *dialogues;* ils habituent à des inflexions différentes. L'intelligence fait facilement comprendre que le *Misanthrope,* dans sa superbe indignation contre les mœurs de son temps, ne doit point parler avec le ton posé, tranquille et calculé, de l'égoïste *Philinte.* De ce dialogue surgissent deux tons bien tranchés : une accentuation forte et franche d'un côté, et une diction pure, tranquille et bien posée de l'autre.

Tous les *dialogues* insérés dans ce cours guideront dans cette étude ; ils feront passer le lecteur par tous les tons. Dialogue du cœur dans les *Enfants d'Édouard;* dialogue comique de *Vadius et Trissotin*, dans lequel les inflexions de la sottise orgueilleuse sont employées sous toutes ses faces, etc., etc., etc. Pour perfectionner chez l'élève ce ton vrai, naturel, qui est le véritable charme de la lecture à haute voix, il faut passer ensuite à la lecture des *lettres*.

La finesse des détails, le trait spirituel, la douce vérité, la naïveté d'une adorable causerie, se travailleront avec plaisir en lisant les *apologues* et les *fables*.

Enfin, pour les personnes destinées à parler en public, je termine mon cours de lecture à haute voix par un morceau, le *Plaidoyer de l'Intimé*, que je conseille d'apprendre.

Toutes les modulations de la voix y sont employées, le ton criard, le ton noble, le ton inspiré, le ton véhément, le ton pathétique. La voix passe, en ce travail, par toutes les notes du clavier que la nature a donné à l'orateur ; c'est une excellente étude pour la voix.

ORESTE

Au nom des Grecs demande à Pyrrhus de leur livrer le fils d'Hector.

Avant que tous les Grecs vous parlent par ma voix,
Souffrez que j'ose ici me flatter de leur choix,
Et qu'à vos yeux, seigneur, je montre quelque joie
De voir le fils d'Achille et le vainqueur de Troie.
Oui, comme ses exploits nous admirons vos coups :
Hector tomba sous lui, Troie expira sous vous ;
Et vous avez montré, par une heureuse audace,

Que le fils seul d'Achille a pu remplir sa place.
Mais, ce qu'il n'eût point fait, la Grèce avec douleur
Vous voit du sang troyen relever le malheur,
Et, vous laissant toucher d'une pitié funeste,
D'une guerre si longue entretenir le reste.
Ne vous souvient-il plus, seigneur, quel fut Hector ?
Nos peuples affaiblis s'en souviennent encor :
Son nom seul fait frémir nos veuves et nos filles ;
Et dans toute la Grèce il n'est point de familles
Qui ne demandent compte à ce malheureux fils
D'un père ou d'un époux qu'Hector leur a ravis.
Et qui sait ce qu'un jour ce fils peut entreprendre ?
Peut-être dans nos ports nous le verrons descendre,
Tel qu'on a vu son père embraser nos vaisseaux,
Et, la flamme à la main, les suivre sur les eaux.
Oserai-je, seigneur, dire ce que je pense ?
Vous-même de vos soins craignez la récompense,
Et que dans votre sein ce serpent élevé
Ne vous punisse un jour de l'avoir conservé.
Enfin, de tous les Grecs satisfaites l'envie,
Assurez leur vengeance, assurez votre vie :
Perdez un ennemi d'autant plus dangereux
Qu'il s'essaiera sur vous à combattre contre eux.

RACINE.

LE MEUNIER SANS-SOUCI.

L'homme, est dans ses écarts, un étrange problème.
Qui de nous en tout temps est fidèle à soi-même ?

Le commun caractère est de n'en point avoir ;
Le matin incrédule, on est dévot le soir.
Tel s'élève et s'abaisse, au gré de l'atmosphère,
Le liquide métal balancé sous le verre.
L'homme est bien variable ; et ces malheureux rois,
Dont on dit tant de mal, ont du bon quelquefois.
J'en conviendrai sans peine, et ferai mieux encore ;
J'en citerai pour preuve un trait qui les honore :
Il est de ce héros, de Frédéric second,
Qui, tout roi qu'il était, fut un penseur profond,
Redouté de l'Autriche, envié dans Versailles,
Cultivant les beaux-arts au sortir des batailles,
D'un royaume nouveau la gloire et le soutien,
Grand roi, bon philosophe et fort mauvais chrétien.

Il voulait se construire un agréable asile,
Où, loin d'une étiquette arrogante et futile,
Il pût, non végéter, boire et courir des cerfs,
Mais des faibles humains méditer les travers,
Et, mêlant la sagesse à la plaisanterie,
Souper avec d'Argens, Voltaire et La Mettrie.
Sur le riant coteau par le prince choisi,
S'élevait le moulin du meunier *Sans-Souci*.
Le vendeur de farine avait pour habitude
D'y vivre au jour le jour, exempt d'inquiétude ;
Et, de quelque côté que vînt souffler le vent,
Il y tournait son aile, et s'endormait content.
Fort bien achalandé, grâce à son caractère,
Le moulin prit le nom de son propriétaire ;
Et des hameaux voisins, les filles, les garçons
Allaient à *Sans-Souci* pour danser aux chansons.
Sans-Souci !..... ce doux nom d'un favorable augure

Devait plaire aux amis des dogmes d'Epicure.

Frédéric le trouva conforme à ses projets,

Et du nom d'un moulin honora son palais.

Hélas! est-ce une loi sur notre pauvre terre

Que toujours deux voisins auront entre eux la guerre;

Que la soif d'envahir et d'étendre ses droits

Tourmentera toujours les meuniers et les rois?

En cette occasion le roi fut le moins sage:

Il lorgna du voisin le modeste héritage.

   On avait fait des plans, fort beaux sur le papier,

Où le chétif enclos se perdait tout entier.

Il fallait, sans cela, renoncer à la vue,

Rétrécir les jardins, et masquer l'avenue.

Des bâtiments royaux l'ordinaire intendant

Fit venir le meunier, et d'un ton important:

« Il nous faut ton moulin; que veux-tu qu'on t'en donne?

—Rien du tout, car j'entends ne le vendre à personne.

Il vous faut est fort bon..... mon moulin est à moi....

Tout aussi bien, au moins, que la Prusse est au roi.

—Allons, ton dernier mot, bonhomme, et prends-y garde.

—Faut-il vous parler clair? —Oui. —C'est que je garde:

Voilà mon dernier mot. » Ce refus effronté

Avec un grand scandale au prince est raconté.

Il mande auprès de lui le meunier indocile;

Presse, flatte, promet; ce fut peine inutile,

Sans-Souci s'obstinait. « Entendez la raison,

Sire, je ne peux pas vous vendre ma maison:

Mon vieux père y mourut, mon fils y vient de naître;

C'est mon Postdam, à moi. Je suis tranchant peut-être:

Ne l'êtes-vous jamais? Tenez, mille ducats,

Au bout de vos discours ne me tenteraient pas.

Il faut vous en passer, je l'ai dit, j'y persiste. »

 Les rois malaisément souffrent qu'on leur résiste.

Frédéric, un moment par l'humeur emporté :

— Parbleu ! de ton moulin c'est bien être entêté ;

Je suis bon de vouloir t'engager à le vendre ?

Sais-tu que sans payer je pourrais bien le prendre ?

Je suis le maître. — Vous !.... de prendre mon moulin ?

Oui, si nous n'avions pas des juges à Berlin. »

Le monarque, à ce mot, revient de son caprice.

Charmé que sous son règne on crût à la justice,

Il rit, et se tournant vers quelques courtisans :

« Ma foi, messieurs, je crois qu'il faut changer nos plans.

Voisin, garde ton bien ; j'aime fort ta réplique. »

Qu'aurait-on fait de mieux dans une république ?

Le plus sûr est pourtant de ne pas s'y fier :

Ce même Frédéric, juste envers un meunier,

Se permit maintes fois telle autre fantaisie :

Témoin ce certain jour qu'il prit la Silésie ;

Qu'à peine sur le trône, avide de lauriers,

Épris du vain renom qui séduit les guerriers,

Il mit l'Europe en feu. Ce sont là jeux de prince :

On respecte un moulin, on vole une province.

ANDRIEUX.

LES CATACOMBES DE ROME.

Sous les remparts de Rome et sous ses vastes plaines,

Sont des antres profonds, des voûtes souterraines,

Qui, pendant deux mille ans, creusés par les humains,

7

Donnèrent leurs rochers aux palais des Romains.
Avec ses monuments et sa magnificence,
Rome entière sortit de cet abîme immense.
Depuis, loin des regards et du fer des tyrans,
L'Église encor naissante y cacha ses enfants,
Jusqu'au jour où, du sein de cette nuit profonde,
Triomphante, elle vint donner des lois au monde,
Et marqua de sa croix les drapeaux des Césars.
Jaloux de tout connaître, un jeune amant des arts,
L'amour de ses parents, l'espoir de la peinture,
Brûlait de visiter cette demeure obscure,
De notre antique foi vénérable berceau.
Un fil dans une main, et de l'autre un flambeau,
Il entre : il se confie à ces voûtes nombreuses
Qui croisent en tous sens leurs routes ténébreuses.
Il aime à voir ce lieu, sa triste majesté,
Ce palais de la nuit, cette sombre cité,
Ces temples où le Christ vit ses premiers fidèles,
Et de ces grands tombeaux les ombres éternelles.
Dans un coin écarté se présente un réduit,
Mystérieux asile où l'espoir le conduit ;
Il voit des vases saints et des urnes pieuses,
Des vierges, des martyrs dépouilles précieuses.
Il saisit ce trésor ; il veut poursuivre : hélas !
Il a perdu le fil qui conduisait ses pas.
Il cherche, mais en vain : il s'égare, il se trouble ;
Il s'éloigne, il revient, et sa crainte redouble ;
Il prend tous les chemins que lui montre la peur.
Enfin, de route en route, et d'erreur en erreur,
Dans les enfoncements de cette obscure enceinte,
Il trouve un vaste espace, effrayant labyrinthe,

D'où vingt chemins divers conduisent à l'entour.
Lequel choisir ? lequel doit le conduire au jour ?
Il les consulte tous : il les prend, il les quitte ;
L'effroi suspend ses pas, l'effroi les précipite ;
Il appelle : l'écho redouble sa frayeur ;
De sinistres pensers viennent glacer son cœur.
L'astre heureux qu'il regrette a mesuré dix heures,
Depuis qu'il est errant dans ces noires demeures.
Ce lieu d'effroi, ce lieu d'un silence éternel,
En trois lustres entiers voit à peine un mortel ;
Et, pour comble d'effroi, dans cette nuit funeste,
Du flambeau qui le guide il voit périr le reste.
Craignant que chaque pas, que chaque mouvement,
En agitant la flamme en use l'aliment,
Quelquefois il s'arrête, et demeure immobile.
Vaines précautions ! tout soin est inutile ;
L'heure approche, et déjà son cœur épouvanté
Croit de l'affreuse nuit sentir l'obscurité.
Il marche, il erre encor sous cette voûte sombre,
Et le flambeau mourant fume et s'éteint dans l'ombre.
Il gémit ; toutefois, d'un souffle haletant,
Le flambeau ranimé se rallume à l'instant.
Vain espoir ! par le feu la cire consumée,
Par degrés s'abaissant sur la mèche enflammée,
Atteint sa main souffrante, et de ses doigts vaincus
Les nerfs découragés ne le soutiennent plus :
De son bras défaillant enfin la torche tombe,
Et ses derniers rayons ont éclairé sa tombe.
L'infortuné déjà voit cent spectres hideux,
Le délire brûlant, le désespoir affreux,
La mort!... non cette mort qui plaît à la victoire,

Qui vole avec la foudre, et que pare la gloire;
Mais lente, mais horrible, et traînant par la main
La faim qui se déchire et se ronge le sein.
Son sang, à ces pensers, s'arrête dans ses veines.
Et quels regrets touchants viennent aigrir ses peines!
Ses parents, ses amis, qu'il ne reverra plus,
Et ces nobles travaux qu'il laissa suspendus;
Ces travaux qui devaient illustrer sa mémoire,
Qui donnaient le bonheur et promettaient la gloire!
Et celle dont l'amour, celle dont le souris
Fut son plus doux éloge et son plus digne prix!
Quelques pleurs de ses yeux coulent à cette image,
Versés par le regret, et séchés par la rage.
Cependant il espère; il pense quelquefois
Entrevoir des clartés, distinguer une voix.
Il regarde, il écoute..... Hélas! dans l'ombre immense
Il ne voit que la nuit, n'entend que le silence,
Et le silence ajoute encore à sa terreur.
Alors, de son destin sentant toute l'horreur,
Son cœur tumultueux roule de rêve en rêve;
Il se lève, il retombe, et soudain se relève;
Se traîne quelquefois sur de vieux ossements,
De la mort qu'il veut fuir horribles monuments!
Quand tout à coup son pied trouve un léger obstacle,
Il y porte la main. O surprise! ô miracle!
Il sent, il reconnaît le fil qu'il a perdu,
Et de joie et d'espoir il tressaille éperdu.
Ce fil libérateur, il le baise, il l'adore,
Il s'en assure, il craint qu'il ne s'échappe encore;
Il veut le suivre, il veut revoir l'éclat du jour;
Je ne sais quel instinct l'arrête en ce séjour.

A l'abri du danger, son âme encore tremblante
Veut jouir de ces lieux et de son épouvante.
A leur aspect lugubre, il éprouve en son cœur
Un plaisir agité d'un reste de terreur ;
Enfin, tenant en main son conducteur fidèle,
Il part, il vole aux lieux où la clarté l'appelle,
Dieux ! quel ravissement quand il revoit les cieux
Qu'il croyait pour jamais éclipsés à ses yeux !
Avec quel doux transport il promène sa vue
Sur leur majestueuse et brillante étendue !
La cité, le hameau, la verdure, les bois,
Semblent s'offrir à lui pour la première fois ;
Et, rempli d'une joie inconnue et profonde,
Son cœur croit assister au premier jour du monde.

DELILLE (l'Imagination).

SONGE D'HAMLET.

Deux fois dans mon sommeil, ami, j'ai vu mon père,
Non point le bras levé, respirant la colère ;
Mais désolé, mais pâle, et dévorant des pleurs
Qu'arrachait de ses yeux l'excès de ses douleurs.
J'ai voulu lui parler : plein de l'horreur profonde
Qu'inspirait à mon cœur l'effroi d'un autre monde :
Quel est ton sort ? lui dis-je ; apprends-moi quel tableau
S'offre à l'homme étonné dans ce monde nouveau.
Croirai-je de ces dieux que la main protectrice
Par d'éternels tourments sur nous s'appesantisse ?

« O mon fils, m'a-t-il dit, ne m'interroge pas;

» Ces leçons du cercueil, ces secrets du trépas,

» Aux profanes mortels doivent être invisibles.

» Que du ciel sur les rois les arrêts sont terribles !

» Ah ! s'il me permettait cet horrible entretien,

» La pâleur de mon front passerait sur le tien.

» Nos mains se sécheraient en touchant la couronne,

» Si nous savions, mon fils, à quel titre il la donne.

» Vivant, du rang suprême on sent mal le fardeau :

» Mais qu'un sceptre est pesant quand on entre au tombeau ! »

. . . .

. . . . . Oh ! m'écriai-je, ombre chère et terrible,

Pourquoi des bords muets de ce monde invisible,

Confident des tombeaux, viens-tu m'entretenir,

Moi, qu'avec toi bientôt mes douleurs vont unir?

Ne laisse point sortir de tes lèvres glacées

Ces hauts secrets des dieux qui troublent nos pensées.

Hélas ! pour t'obéir ai-je assez de vertu !

Je t'écoute en tremblant : réponds, que me veux-tu?

« O mon fils, m'a-t-il dit, je viens enfin t'apprendre

» Quel sang tu dois verser pour apaiser ma cendre :

» On croit qu'un mal cruel trancha soudain mes jours.

» Ainsi les noirs complots sont voilés dans les cours.

» Ta mère ! qui l'eût dit? oui, ta mère perfide

» Osa me présenter un poison parricide ;

» L'infâme Claudius, du crime instigateur,

» Fut de ma mort surtout le complice et l'auteur. »

Je m'éveille à ces mots. Hélas ! mon cher Norceste,

Je me suis élancé hors de mon lit funeste;

Plein de l'objet affreux qui troublait mes esprits,

J'ai rempli ce palais d'épouvantables cris.

J'ai couru tout tremblant, faible, éperdu, sans suite...
Le spectre, à mes côtés, semblait presser ma fuite.
Cette ombre, ces forfaits, ce récit plein d'horreur
Dans mon cœur expirant jette encor la terreur.

Ducis (Hamlet).

L'ORAGE

ET LA CAVERNE DES SERPENTS AU PÉROU.

Un murmure profond donne le signal de la guerre que les vents vont se déclarer. Tout à coup leur fureur s'annonce par d'effroyables sifflements. Une épaisse nuit enveloppe le ciel et le confond avec la terre ; la foudre, en déchirant ce voile ténébreux, en redouble encore la noirceur ; cent tonnerres qui roulent et semblent rebondir sur une chaîne de montagnes, en se succédant l'un à l'autre, ne forment qu'un mugissement qui s'abaise, et qui se renfle comme celui des vagues. Aux secousses que la montagne reçoit du tonnerre et des vents, elle s'ébranle, elle s'entr'ouvre ; et de ses flancs, avec un bruit horrible, tombent de rapides torrents. Les animaux épouvantés s'élançaient des bois dans la plaine ; et, à la clarté de la foudre, les trois voyageurs pâlissants voyaient passer à côté d'eux le lion, le tigre, le lynx, le léopard, aussi tremblants qu'eux-mêmes : dans ce péril universel de la nature, il n'y a plus de férocité, et la crainte a tout adouci.

L'un des guides d'Alonzo avait, dans sa frayeur, gagné la cime d'une roche. Un torrent qui se précipite en bondissant la déracine et l'entraîne, et le sauvage qui l'embrasse roule avec elle dans les flots. L'autre Indien croyait avoir trouvé son salut dans le creux d'un arbre ; mais une colonne de feu, dont le sommet touche à la nue, descend sur l'arbre, et le consume avec le malheureux qui s'y était sauvé.

Cependant Molina s'épuisait à lutter contre la violence des eaux ; il gravissait dans les ténèbres, saisissant tour à tour les branches, les racines des bois qu'il rencontrait, sans songer à ses guides, sans autre sentiment que le soin de sa propre vie ; car il est des moments d'effroi où toute compassion cesse, où l'homme, absorbé en lui-même, n'est plus sensible que pour lui.

Enfin il arrive, en rampant, au bas d'une roche escarpée ; et, à la lueur des éclairs, il voit une caverne dont la profonde et ténébreuse horreur l'aurait glacé dans tout autre moment. Meurtri, épuisé de fatigue, il se jette au fond de cet antre ; et là, rendant grâce au ciel, il tombe dans l'accablement.

L'orage enfin s'apaise : les tonnerres, les vents cessent d'ébranler la montagne ; les eaux des torrents, moins rapides, ne mugissent plus à l'entour ; et Molina sent couler dans ses veines le baume du sommeil. Mais un bruit plus terrible que celui des tempêtes le frappe au moment même qu'il allait s'endormir.

Ce bruit, pareil au broiement des cailloux, est celui d'une multitude de serpents, dont la caverne est le refuge. La voûte en est revêtue : et, entrelacés l'un à l'autre, ils forment, dans leurs mouvements, ce bruit qu'Alonzo reconnaît. Il sait que le venin de ces serpents est le plus subtil des poisons ; qu'il allume soudain, et dans toutes les veines, un feu qui dévore et qui consume, au milieu des douleurs les plus intolérables, le malheureux qui en est atteint. Il les entend, il croit les voir rampants autour de lui, ou pendus sur sa tête, ou roulés sur eux-mêmes, et prêts à s'élancer sur lui. Son courage épuisé succombe ; son sang se glace de frayeur ; à peine il ose respirer. S'il veut se traîner hors de l'antre, sous ses mains, sous ses pas il tremble de presser un de ces dangereux reptiles. Transi, frissonnant, immobile, environné de mille morts, il passe la plus longue nuit dans une pénible agonie, désirant, frémissant de revoir la lumière, se reprochant la crainte qui le tient enchaîné, et faisant sur lui-même d'inutiles efforts pour surmonter cette faiblesse.

Le jour qui vint l'éclairer justifia sa frayeur. Il vit réellement tout le danger qu'il avait pressenti ; il le vit plus horrible encore. Il fallait mourir, ou s'échapper. Il ramasse péniblement le peu de forces qui lui restent ; il se soulève avec lenteur, se courbe, et, les mains appuyées sur ses genoux tremblants, il sort de la caverne, aussi défait, aussi pâle qu'un spectre qui sortirait de son tombeau. Le même orage qui l'avait jeté dans le péril l'en préserva ; car les serpents en avaient eu autant de frayeur que lui-même ; et c'est l'instinct de tous les animaux, dès que le péril les occupe, de cesser d'être malfaisants.

Un jour serein consolait la nature des ravages de la nuit. La terre, échappée comme d'un naufrage, en offrait partout les débris. Des forêts qui, la veille, s'élançaient jusqu'aux nues, étaient courbées vers la terre ; d'autres semblaient se hérisser encore d'horreur. Des collines qu'Alonzo avait vues s'arrondir sous leur verdoyante parure, entr'ouvertes en précipices, lui montraient leurs flancs déchirés. De vieux arbres déracinés, précipités du haut des monts, le pin, le palmier, le gayac, le caobo, le cèdre, étendus, épars dans la plaine, la couvraient de leurs troncs brisés et de leurs branches fracassées. Des dents de rochers, détachées, marquaient la place des torrents; leur lit profond était bordé d'un nombre effrayant d'animaux doux, cruels, timides, féroces, qui avaient été submergés et revomis par les eaux.

Cependant ces eaux écoulées laissaient les bois et les campagnes se ranimer aux feux du jour naissant. Le ciel semblait avoir fait la paix avec la terre, et lui sourire en signe de faveur et d'amour. Tout ce qui respirait encore recommençait à jouir : les oiseaux, les bêtes sauvages avaient oublié leur effroi; car le prompt oubli des maux est un don que la nature leur a fait, et qu'elle a refusé aux hommes.

MARMONTEL (*Les Incas*).

LES DIX FRANCS D'ALFRED.

Ceci n'est point un conte, enfants; c'est une histoire,
Comme la vérité, simple et facile à croire,
Et, rien que d'y songer, qui fait battre le cœur.
  Oh ! je ne serai pas moraliste sévère,
Car parfois, comme vous, j'ai besoin qu'on m'éclaire;
Et pour être plus grand, je ne suis pas meilleur.
Parlons donc en amis. . . . .
. . . . : Alfred était, je pense,
Un enfant, tel que vous, ayant huit à neuf ans.
Bien, bien riche! il avait dans sa bourse dix francs,

Dix francs beaux et tout neufs. C'était la récompense
Donnée à sa sagesse, à ses petits travaux :
Ce qui faisait encore ces dix francs-là plus beaux.
Mais l'idée arriva d'en chercher la dépense,
Car c'eût été vilain de les garder toujours :
L'argent qui ne sert pas est sans valeur aucune,
Le point est de savoir lui donner un bon cours.
On avait fait Alfred maître de sa fortune :
Tantôt il la voyait en beau cheval de bois,
Tantôt c'était un livre... Un livre... alors sa mère
Souriait de plaisir, sans l'aider toutefois,
Lui laissant tout l'honneur de ce qu'il allait faire.
Sur le livre son choix à la fin se fixa.
Charmant enfant! combien sa mère l'embrassa !
C'est qu'aussi c'était beau, savez-vous? C'est qu'un livre
C'est tout; c'est là dedans que l'on apprend à vivre,
A devenir un homme, à penser, à parler;
C'est là, nous, à vos jeux qui venons nous mêler,
Là que nous déposons le travail de notre âme,
Quand le Dieu tout-puissant jette en nous cette flamme
Qui nous rend la candeur, et nous fait jusqu'à vous,
Comme à nos premiers jours, remonter purs et doux.
Vous ne comprenez pas, amis?... Mais il faut lire;
Et plus tard vous saurez ce que j'ai voulu dire;
Et puis, lorsque vos cœurs seront bien désolés,
Vous ouvrirez un livre et serez consolés.
C'était un jour d'hiver, quand la neige et le givre
Des arbres effeuillés blanchissent les rameaux,
Quand vous, heureux enfants, dans de larges manteaux,
Dans de bons gants fourrés, du froid on vous délivre :
Alfred courait, joyeux, pour acheter son livre.

Mais voici tout à coup qu'il s'arrête surpris :
Deux enfants étaient là, tels, hélas! qu'à Paris
Si souvent on en voit sur les ponts de la Seine.
Dans les bras l'un de l'autre ils étaient enlacés;
L'un de son petit frère, avec sa froide haleine,
Cherchait à réchauffer les pauvres doigts glacés :
Ils grelottaient bien fort, car leurs habits percés,
Presqu'à nu, les laissaient étendus sur la pierre,
Tournant vers les passants un regard de prière ;
Ensemble ils répétaient : J'ai grand froid! j'ai grand'faim!
Mais les riches passaient sans leur donner de pain.
Et leur cœur se gonflait, et puis de grosses larmes
Roulaient dans leur paupière et sillonnaient leur sein.
Certes, vous eussiez pris pitié de leurs alarmes,
Et vous ne seriez point passés sur leur chemin,
N'est-ce pas, mes amis, sans leur tendre la main,
Sans demander pour eux quelque argent à vos mères?
Alfred était témoin de leurs larmes amères :
— Maman, vois donc, dit-il, comme ils sont là tous deux!
Ils sont bien malheureux ! — Oh! oui, bien malheureux!
Lui répondit sa mère, attentive et touchée.
Saisissant une vielle, auprès de lui muette,
Pour charmer l'enfant riche et recevoir de lui
Le pain qu'il n'avait pas obtenu d'aujourd'hui,
Il s'efforce de rire, et, dansant, il répète
Un de ces airs appris sous le doux ciel natal ;
Mais ce rire était triste, et ce chant faisait mal :
C'est que rien n'est affreux comme la feinte joie
Du mendiant qui chante, à sa misère en proie ;
C'est un rire effrayant qui naît dans les douleurs,
Et qu'il faut endormir comme on endort vos pleurs,

Enfants, vous qui pleurez pour un bruit, pour une ombre
Que vous croyez entendre ou voir dans la nuit sombre,
Pour un conseil ami que la raison vous doit,
Une goutte de sang qui vous rougit le doigt,
Que sais-je? un aiguillon d'abeille qui vous frappe,
Ou pour un papillon qui de vos mains s'échappe,
Voilà des maux cuisants que vous ne saviez pas.
Or, vers le petit pauvre Alfred porta ses pas :
— Pourquoi, dit-il, tous deux restez-vous dans la neige?
Vous n'avez donc point, vous, de maman comme moi,
Qui vous donne du pain, du feu; qui vous protége?
— Oh! nous en avons une aussi, monsieur. — Pourquoi
Vous laisse-t-elle aller sans elle ou votre bonne,
Les pieds nus sur la terre? elle n'est donc pas bonne,
Votre maman à vous? — Si fait : elle avait faim,
Elle nous a donné ce qu'elle avait de pain,
Et voilà deux grands jours, hélas! qu'elle est couchée;
Comme il ne restait plus chez nous une bouchée,
Elle nous embrassa, disant : Pauvres petits!
Allez et mendiez; et nous sommes sortis,
Et nous sommes venus nous coucher sur la pierre,
Et personne, ô mon Dieu! n'entend notre prière;
Et voilà que bientôt mon frère va mourir!
Car le froid, car la faim nous ont fait tant souffrir!
— Vous n'avez donc pas, vous, reprit Alfred, un père
Qui donne tous les jours de l'or à votre mère!
Le pauvre enfant se prit à sangloter plus fort,
« Hélas! répondit-il, notre père!... il est mort!
Il est mort! et c'est lui qui nous faisait tous vivre! »
Alfred, pleurant aussi, ne songea plus au livre,
Et dans la main du pauvre il glissa ses d' francs.

La mère le saisit dans ses bras triomphants,
Et lui dit : « Mon Alfred, un livre pour apprendre,
C'était déjà bien beau ! Mais tu m'as fait comprendre,
Mon fils, que mieux encore est de donner du pain
A ceux qui vont mourir et de froid et de faim. »
Et moi je dis : Heureux est l'enfant charitable
Qui donne à l'indigent le peu qu'il reçoit d'or,
      Et qui des miettes de la table,
S'il ne peut rien de plus, sait faire aumône encore !
Pour que dans votre bourse, amis, quelque argent tombe,
Travaillez donc aussi, soyez sages et bons ;
      Et l'infortune qui succombe
Puisera l'existence et la paix dans vos dons ;
Et le vieillard qui prie, et dont la tête est nue,
Enfants, le bon vieillard ployé sous les douleurs,
      Au son de votre voix connue
Sourira ; car c'est vous qui sécherez ses pleurs :
Et celles qu'on rencontre à genoux sur la route,
Les mères qui n'ont pas de pain pour leurs petits,
      Diront : « C'est le bon Dieu, sans doute,
Qui vous adresse à nous, anges du paradis ! »
Et leurs petits, surtout ceux qui n'ont plus de pères,
Leurs tout petits enfants ne diront plus : « J'ai faim. »
      Anges, car vous êtes leurs frères,
Et le ciel vous a fait pour leur tendre la main.

Léon GUÉRIN.

LE SONGE D'ATHALIE.

C'était pendant l'horreur d'une profonde nuit ;
Ma mère Jézabel devant moi s'est montrée,
Comme au jour de sa mort, pompeusement parée :
Ses malheurs n'avaient point abattu sa fierté ;
Même elle avait encore cet éclat emprunté
Dont elle eut soin de peindre et d'orner son visage,
Pour réparer des ans l'irréparable outrage :
« Tremble ! m'a-t-elle dit, fille digne de moi ;
» Le cruel dieu des Juifs l'emporte aussi sur toi ;
» Je te plains de tomber dans ses mains redoutables,
» Ma fille. » En achevant ces mots épouvantables,
Son ombre vers mon lit a paru se baisser :
Et moi, je lui tendais les mains pour l'embrasser ;
Mais je n'ai plus trouvé qu'un horrible mélange
D'os et de chair meurtris et traînés dans la fange,
Des lambeaux pleins de sang, et des membres affreux
Que des chiens dévorants se disputaient entre eux.
. . . . . Dans ce désordre, à mes yeux se présente
Un jeune enfant couvert d'une robe éclatante,
Tel qu'on voit des Hébreux les prêtres revêtus.
Sa vue a ranimé mes esprits abattus :
Mais lorsque, revenant de mon trouble funeste,
J'admirais sa douceur, son air noble et modeste,
J'ai senti tout à coup un homicide acier
Que le traître en mon sein a plongé tout entier.
De tant d'objets divers le bizarre assemblage

Peut-être du hasard vous paraît un ouvrage :
Moi-même, quelque temps, honteuse de ma peur,
Je l'ai pris pour l'effet d'une sombre vapeur.
Mais de ce souvenir mon âme possédée
A deux fois en dormant revu la même idée ;
Deux fois mes tristes yeux se sont vu retracer
Ce même enfant toujours tout prêt à me percer.
Lasse enfin des horreurs dont j'étais poursuivie,
J'allais prier Baal de veiller sur ma vie,
Et chercher du repos au pied de ses autels :
Que ne peut la frayeur sur l'esprit des mortels !
Dans le temple des Juifs un instinct m'a poussée,
Et d'apaiser leur dieu j'ai conçu la pensée ;
J'ai cru que des présents calmeraient son courroux ;
Que ce dieu, quel qu'il soit, en deviendrait plus doux.
Pontife de Baal, excusez ma faiblesse.
J'entre. Le peuple fuit ; le sacrifice cesse ;
Le grand prêtre vers moi s'élance avec fureur :
Pendant qu'il me parlait, ô surprise ! ô terreur !
J'ai vu ce même enfant dont je suis menacée,
Tel qu'un songe effrayant l'a peint à ma pensée.
Je l'ai vu ; son même air, son même habit de lin,
Sa démarche, ses yeux, et tous ses traits enfin :
C'est lui-même. Il marchait à côté du grand prêtre :
Mais bientôt à ma vue on l'a fait disparaître.
Voilà quel trouble ici m'oblige à m'arrêter,
Et sur quoi j'ai voulu tous deux vous consulter.

RACINE.

LE MISSIONNAIRE BRIDAINE,

DANS UN DES PREMIERS TEMPLES ET AU MILIEU DE LA PLUS HAUTE
COMPAGNIE DE LA CAPITALE.

A la vue d'un auditoire si nouveau pour moi, il semble,
mes frères, que je ne devrais ouvrir la bouche que pour
vous demander grâce en faveur d'un pauvre missionnaire
dépourvu de tous les talents que vous exigez quand on vient
vous parler de votre salut. J'éprouve cependant aujourd'hui
un sentiment différent; et, si je suis humilié, gardez-vous
de croire que je m'abaisse aux misérables inquiétudes de la
vanité. A Dieu ne plaise qu'un ministre du ciel pense jamais
avoir besoin d'excuse auprès de vous! car, qui que vous
soyez, vous n'êtes, comme moi, que des pécheurs. C'est
devant votre Dieu et le mien que je me sens pressé, dans ce
moment, de frapper ma poitrine.

Jusqu'à présent j'ai publié les justices du Très-Haut dans
des temples couverts de chaume; j'ai prêché les rigueurs de
la pénitence à des infortunés qui manquaient de pain; j'ai
annoncé aux bons habitants des campagnes les vérités les
plus effrayantes de ma religion. Qu'ai-je fait? malheureux!
j'ai contristé les pauvres, les meilleurs amis de mon Dieu;
j'ai porté l'épouvante et la douleur dans ces âmes simples et
fidèles que j'aurais dû plaindre et consoler.

C'est ici, où mes regards ne tombent que sur des grands,
sur des riches, sur des oppresseurs de l'humanité souffrante,
ou des pécheurs audacieux et endurcis: ah! c'est ici seulement qu'il fallait faire retentir la parole sainte dans toute la

force de son tonnerre, et placer avec moi dans cette chaire,
d'un côté la mort qui nous menace, et, de l'autre, mon grand
Dieu qui vient vous juger. Je tiens aujourd'hui votre sen-
tence à la main : tremblez donc devant moi, hommes superbes
et dédaigneux qui m'écoutez ! La nécessité du salut, la cer-
titude de la mort, l'incertitude de cette heure si effroyable
pour vous, l'impénitence finale, le jugement dernier, le petit
nombre des élus, l'enfer, et, par-dessus tout, l'éternité :
l'éternité ! voilà les sujets dont je viens vous entretenir, et
que j'aurais dû sans doute réserver pour vous seuls.

Et qu'ai-je besoin de vos suffrages, qui me damneraient
peut-être sans vous sauver ? Dieu va vous émouvoir, tandis
que son indigne ministre vous parlera ; car j'ai acquis une
expérience de ses miséricordes. Alors, pénétrés d'horreur
pour vos iniquités passées, vous viendrez vous jeter entre
mes bras en versant des larmes de componction et de
repentir, et, à force de remords, vous me trouverez assez
éloquent.

Extrait des OEuvres du cardinal Maury.

MORT DE VATEL.

Le roi arriva jeudi au soir ; la promenade, la collation
dans un lieu tapissé de jonquilles, tout cela fut à souhait.
On soupa : il y eut quelques tables où le rôti manqua, à
cause de plusieurs dîners auxquels on ne s'était point
attendu. Cela saisit Vatel ; il dit plusieurs fois : « Je suis
» perdu d'honneur ; voici une affaire que je ne supporterai

» pas. » Il dit à Gourville : « La tête me tourne : il y a
» douze nuits que je n'ai dormi ; aidez-moi à donner des
» ordres. » Gourville le soulagea en ce qu'il put. Le rôti
qui avait manqué, non pas à la table du roi, mais à la
vingt-cinquième, lui revenait toujours à l'esprit. Gourville
le dit à M. le Prince. M. le Prince alla jusque dans la
chambre de Vatel, et lui dit : « Vatel, tout va bien ; rien
» n'était plus beau que le souper du roi. » Il répondit :
» Monseigneur, votre bonté m'achève ; je sais que le rôti
» a manqué à deux tables. — Point du tout, dit M. le
» Prince, ne vous fâchez point ; tout va bien. » Minuit
vient : le feu d'artifice ne réussit point ; il fut couvert
d'un nuage ; il coûtait seize mille francs. A quatre
heures du matin, Vatel s'en va partout ; il trouve tout
endormi. Il rencontre un petit pourvoyeur, qui lui apportait
seulement deux charges de marée. Il lui demanda : « Est-ce
là tout ? —Oui, monsieur. » Il ne savait pas que Vatel avait
envoyé à tous les ports de mer. Vatel attend quelque temps ;
les autres pourvoyeurs ne vinrent point. Sa tête s'échauffait ;
il crut qu'il n'y aurait point d'autre marée. Il trouva Gourville ; il lui dit : « Monsieur, je ne survivrai point à cet
» affront-ci. » Gourville se moqua de lui. Vatel monte à sa
chambre, met son épée contre la porte, et se la passe au
travers du cœur ; mais ce ne fut qu'au troisième coup (car
il s'en donna deux qui n'étaient pas mortels) qu'il tomba mort.
La marée cependant arrive de tous côtés ; on cherche Vatel
pour la distribuer ; on va à sa chambre, on heurte, on en-
fonce la porte, on le trouve noyé dans son sang. On court à
M. le Prince, qui fut au désespoir. M. le duc pleura ; c'était
sur Vatel que tournait tout son voyage de Bourgogne. M. le
Prince le dit au roi fort tristement. On dit que c'était à force

d'avoir de l'honneur à sa manière. On le loua fort, on loua
et blâma son courage.

Mᵐᵉ DE SÉVIGNÉ.

LA CHUTE DES FEUILLES.

De la dépouille de nos bois
L'automne avait jonché la terre :
Le bocage était sans mystère,
Le rossignol était sans voix.
Triste et mourant, à son aurore,
Un jeune malade, à pas lents,
Parcourait une fois encore
Le bois cher à ses premiers ans :
« Bois que j'aime ! adieu...... je succombe,
» Votre deuil me prédit mon sort;
» Et dans chaque feuille qui tombe
» Je vois un présage de mort. »
Fatal oracle d'Épidaure,
Tu m'as dit : « Les feuilles des bois
» A tes yeux jauniront encore,
» Mais c'est pour la dernière fois,
» L'éternel cyprès t'environne :
» Plus pâle que la pâle automne,
» Tu t'inclines vers le tombeau.
» Ta jeunesse sera flétrie
» Avant l'herbe de la prairie,
» Avant les pampres du coteau. »
Et je meurs !... De leur froide haleine

M'ont touché les sombres autans :
Et j'ai vu, comme une ombre vaine,
S'évanouir mon beau printemps.
Tombe, tombe, feuille éphémère !
Voile aux yeux ce triste chemin ;
Cache au désespoir de ma mère
La place où je serai demain.
Mais, vers la solitaire allée,
Si mon amante échevelée
Venait pleurer quand le jour fuit,
Éveille par ton léger bruit
Mon ombre un instant consolée !
Il dit, s'éloigne... et sans retour !...
La dernière feuille qui tombe
A signalé son dernier jour.
Sous le chêne on creusa sa tombe...
Mais son amante ne vint pas
Visiter la pierre isolée :
Et le pâtre de la vallée
Troubla seul du bruit de ses pas
Le silence du mausolée.

MILLEVOYE.

IMPROVISATION.

LE CHATEAU DE VERSAILLES.

Octobre 1829.

SIX ANS AVANT LA CRÉATION DU MUSÉE HISTORIQUE.

Voilà le solennel, l'abandonné Versaille
Qu'ose seule habiter l'ombre du grand Louis !

Des splendeurs d'autrefois mon cœur encor tressaille,
Je rêve, et les héros de Lens et de Marsaille,
Les dames, les seigneurs, sous mes yeux éblouis,
Tous, fantômes de gloire et de magnificence,
Repeuplent ce palais, solitaire cité,
Dont aucun roi vivant, dans toute sa puissance,
    Ne peut remplir l'immensité !

Levez-vous donc, géants exhumés de nos fastes !
Habitants du passé, pressez-vous sur le seuil !
Héroïsme, génie, arts féconds, vertus chastes,
Hôtes sacrés, à vous ces olympes trop vastes,
A vous, parcs et château, nation du cercueil !—
Si jamais, en ce lieu, par un appel suprême,
Tout ce qu'a vu de grand la France est évoqué,
La gloire y fera foule, et dans Versailles même
    L'espace, un jour, aura manqué !

ÉMILE DESCHAMPS.

LE PAYSAN DU DANUBE.

Romains, et vous sénat assis pour m'écouter,
Je supplie avant tout les dieux de m'assister :
Veuillent les immortels, conducteurs de ma langue,
Que je ne dise rien qui doive être repris !
Sans leur aide, il ne peut entrer dans les esprits
    Que tout mal et toute injustice :
Faute d'y recourir, on viole leurs lois,

Témoin nous que punit la romaine avarice :
Rome est, par nos forfaits, plus que par ses exploits
    L'instrument de notre supplice.
Craignez, Romains, craignez que le ciel quelque jour
Ne transporte chez vous les pleurs et la misère ;
Et mettant en nos mains, par un juste retour,
Les armes dont se sert sa vengeance sévère,
    Il ne vous fasse, en sa colère,
    Nos esclaves à votre tour.
Et pourquoi sommes-nous les vôtres ? Qu'on me die
En quoi vous valez mieux que cent peuples divers.
Quel droit vous a rendus maîtres de l'univers ?
Pourquoi venir troubler une innocente vie ?
Nous cultivions en paix d'heureux champs ; et nos mains
Étaient propres aux arts ainsi qu'au labourage.
    Qu'avez-vous appris aux Germains ?
    Ils ont l'adresse et le courage :
    S'ils avaient eu l'avidité,
    Comme vous, et la violence,
Peut-être en votre place ils auraient la puissance,
    Et sauraient en user sans inhumanité.
Celle que vos préteurs ont sur nous exercée
    N'entre qu'à peine en la pensée :
    La majesté de vos autels
    Elle-même en est offensée ;
    Car sachez que les immortels
Ont les regards sur nous. Grâces à vos exemples,
Ils n'ont devant les yeux que des objets d'horreur,
    De mépris d'eux et de leurs temples,
D'avarice qui va jusqu'à la fureur.
Rien ne suffit aux gens qui nous viennent de Rome :

La terre et le travail de l'homme
Font, pour les assouvir, des efforts superflus.
   Retirez-les ; on ne veut plus
   Cultiver pour eux les campagnes.
Nous quittons les cités, nous fuyons aux montagnes ;
   Nous laissons nos chères compagnes ;
Nous ne conversons plus qu'avec des ours affreux,
Découragés de mettre au jour des malheureux,
Et de peupler pour Rome un pays qu'elle opprime.
   Quant à nos enfants déjà nés,
Nous souhaitons de voir leurs jours bientôt bornés :
Vos préteurs au malheur nous font joindre le crime.
   Retirez-les : ils ne nous apprendront
      Que la mollesse et que le vice ;
      Les Germains, comme eux, deviendront
      Gens de rapine et d'avarice.
C'est tout ce que j'ai vu dans Rome à mon abord.
   N'a-t-on point de présent à faire,
Point de pourpre à donner, c'est en vain qu'on espère
Quelque refuge aux lois : encor leur ministère
A-t-il mille longueurs. Ce discours un peu fort
      Doit commencer à vous déplaire.
      Je finis. Punissez de mort
      Une plainte un peu trop sincère.

                                          LAFONTAINE.

LES CHATEAUX EN ESPAGNE.

Ou peut bien quelquefois se flatter dans la vie :
J'ai, par exemple, hier, mis à la loterie,
Et mon billet enfin pourrait bien être bon.
Je conviens que cela n'est pas certain : oh ! non ;
Mais la chose est possible, et cela doit suffire.
Puis, en me le donnant, on s'est mis à sourire,
Et l'on m'a dit : « Prenez, car c'est là le meilleur. »
Si je gagnais pourtant le gros lot, quel bonheur !
J'achèterai d'abord une ample seigneurie...
Non, plutôt une bonne et grasse métairie ;
Oh ! oui, dans ce canton : j'aime ce pays-ci ;
Et Justine, d'ailleurs, me plaît beaucoup aussi.
J'aurai donc, à mon tour, des gens à mon service.
Dans le commandement je serai peu novice ;
Mais je ne serai point dur, insolent, ni fier,
Et me rappellerai ce que j'étais hier ;
Ma foi, j'aime déjà ma ferme à la folie.
Moi ! gros fermier ! j'aurai ma basse-cour remplie
Des poules, des poussins que je verrai courir :
De mes mains chaque jour je prétends les nourrir.
C'est un coup d'œil charmant ! et puis cela rapporte.
Quel plaisir quand, le soir, assis devant ma porte,
J'attendrai le retour de mes moutons bêlants,
Que je verrai de loin revenir à pas lents,
Mes chevaux vigoureux, et mes belles génisses !
Ils sont nos serviteurs, elles sont nos nourrices.

Et mon petit Victor, sur son âne monté,
Fermant la marche avec un air de dignité!
Je serai plus heureux que Monsieur sur un trône.
Je serai riche, riche, et je ferai l'aumône.
Tout bas, sur mon passage, on se dira : « Voilà
Ce bon monsieur Victor. » Cela me touchera.
Je puis bien m'abuser ; mais ce n'est pas sans cause :
Mon projet est au moins fondé sur quelque chose ;
    (Il cherche.)
Sur un billet. Je veux revoir ce cher... Eh ! mais...
Où donc est-il? tantôt encore je l'avais.
Depuis quand ce billet est-il donc invisible?
Ah ! l'aurais-je perdu? Serait-il bien possible?
Mon malheur est certain : me voilà confondu.
    (Il crie.)
Que vais-je devenir? Hélas! j'ai tout perdu!

COLLIN-D'HARLEVILLE.

MADAME DE SÉVIGNÉ

A M. DE COULANGES.

Je m'en vais vous mander la chose la plus étonnante,
la plus surprenante, la plus merveilleuse, la plus miraculeuse,
la plus triomphante, la plus étourdissante, la plus inouïe,
la plus singulière, la plus extraordinaire, la plus incroyable,

la plus imprévue, la plus grande, la plus petite, la plus rare, la plus commune, la plus éclatante, la plus secrète jusqu'aujourd'hui, la plus digne d'envie; enfin une chose dont on ne trouve qu'un exemple dans les siècles passés, encore cet exemple n'est-il pas juste : une chose que nous ne saurions croire à Paris, comment la pourrait-on croire à Lyon? une chose qui fait crier miséricorde à tout le monde ; une chose qui comble de joie madame de Rohan et madame de Hauteville; une chose enfin qui se fera dimanche, où ceux qui la verront croiront avoir la berlue ; une chose qui se fera dimanche, et qui ne sera peut-être pas faite lundi. Je ne puis me résoudre à vous la dire, devinez-la : je vous la donne en trois. Jetez-vous votre langue aux chiens?

Hé bien! il faut donc vous la dire : M. de Lauzun épouse dimanche, au Louvre, devinez qui? Je vous le donne en quatre, je vous le donne en dix, je vous le donne en cent. Madame de Coulanges dit : Voilà qui est bien difficile à deviner! c'est madame de la Vallière. — Point du tout, madame.—C'est donc mademoiselle de Retz?—Point du tout : vous êtes bien provinciale! Ah! vraiment, nous sommes bien bêtes! dites-vous : c'est mademoiselle Colbert. — Encore moins. — C'est assurément mademoiselle de Créqui. — Vous n'y êtes pas. Il faut donc à la fin vous le dire. Il épouse dimanche, au Louvre, avec la permission du roi, mademoiselle de... mademoiselle... devinez le nom; il épouse mademoiselle, fille de feu Monsieur; Mademoiselle, petite-fille de Henri IV ; mademoiselle d'Eu, de Dombes, mademoiselle de Montpensier, mademoiselle d'Orléans ; Mademoiselle, cousine germaine du roi; Mademoiselle, destinée au trône; Mademoiselle, le seul parti de France qui fût digne de Monsieur.

Voilà un beau sujet de discourir. Si vous criez, si vous êtes hors de vous-même, si vous dites que nous avons menti, que cela est faux, qu'on se moque de vous, que voilà une belle raillerie, que cela est bien facile à imaginer; si enfin vous nous dites des injures, nous trouverons que vous avez raison; nous en avons fait autant que vous; adieu. Les lettres qui seront portées par cet ordinaire vous feront voir si nous disons vrai ou non.

MADAME DE SÉVIGNÉ

A SA FILLE.

Voici un terrible jour, ma chère enfant, je vous avoue que je n'en puis plus. Je vous ai quittée dans un état qui augmente ma douleur. Je songe à tous les pas que vous faites, et à tous ceux que je fais; et combien il s'en faut qu'en marchant toujours de cette sorte, nous puissions jamais nous rencontrer! Mon cœur est en repos quand il est auprès de vous : c'est son état naturel, et le seul qui peut lui plaire.

Ce qui s'est passé ce matin me donne une douleur sensible et me fait un déchirement dont votre philosophie sait les raisons. Je les ai senties et les sentirai longtemps. J'ai le cœur et l'imagination tout remplis de vous, je n'y puis penser sans pleurer, et j'y pense toujours; de sorte que l'état où je suis n'est pas une chose soutenable : comme il est extrême, j'espère qu'il ne durera pas dans cette violence

Je vous cherche toujours, et je trouve que tout me manque, parce que vous me manquez. Mes yeux, qui vous ont tant rencontrée, depuis quatorze mois ne vous trouvent plus. Le temps agréable qui est passé rend celui-ci douloureux, jusqu'à ce que je sois un peu accoutumée ; mais ce ne sera jamais pour ne pas souhaiter ardemment de vous revoir et de vous embrasser.

Je ne dois pas espérer mieux de l'avenir que du passé ; je sais ce que votre absence m'a fait souffrir, je serai encore plus à plaindre, parce que je me suis fait imprudemment une habitude nécessaire de vous voir. Il me semble que je ne vous ai pas assez embrassée en partant. Qu'avais-je à ménager ! je ne vous ai point assez dit combien je suis contente de votre tendresse ; je ne vous ai point assez recommandée à M. de Grignan, je ne l'ai point assez remercié de toutes ses politesses et de toute l'amitié qu'il a pour moi : j'en attendrai les effets sur tous les chapitres.

Je suis déjà dévorée de curiosité ; je n'espère de consolation que de vos lettres, qui me feront encore bien soupirer. En un mot, ma fille, je ne vis que pour vous. Dieu me fasse la grâce de l'aimer quelque jour comme je vous aime ! Jamais un départ n'a été si triste que le nôtre ; nous ne disions pas un mot. Adieu, ma chère enfant ; plaignez-moi de vous avoir quittée. Hélas ! nous voilà dans les lettres.

LE DUC DE MONTAUSIER

AU DAUPHIN, SUR LA PRISE DE PHILIPSBOURG.

MONSEIGNEUR,

Je ne vous fais pas compliment sur la prise de Philips-bourg : vous aviez une bonne armée, une excellente artil-lerie, et Vauban. Je ne vous en fais pas non plus sur les preuves que vous avez données de bravoure et d'intrépidité : ce sont des vertus héréditaires dans votre maison ; mais je me réjouis avec vous de ce que vous êtes libéral, généreux, humain, faisant valoir les services d'autrui et oubliant les vôtres : c'est sur quoi je vous fais mon compliment.

MADAME DE MAINTENON

A MADAME DE MONTESPAN (1).

MADAME,

Voici le plus jeune des auteurs qui vient vous demander votre protection pour ses ouvrages. Il aurait bien voulu,

---

(1) Cette épitre dédicatoire fut mise par Mme de Maintenon à la tête de quelques traductions faites par son élève, le jeune duc du Maine, fils de Louis XIV et de Mme do Montespan. Elles parurent en 1678, sous le titre d'Œuvres diverses d'un auteur de sept ans.

pour les mettre au jour, attendre qu'il eût huit ans accomplis : mais il a eu peur qu'on ne le soupçonnât d'ingratitude, s'il eût été plus de sept ans au monde sans vous donner des marques publiques de sa reconnaissance.

En effet, madame, il vous doit une bonne partie de tout ce qu'il est. Quoiqu'il ait eu une naissance assez heureuse, et qu'il y ait peu d'auteurs que le ciel ait regardés aussi favorablement que lui, il avoue que votre conversation a beaucoup aidé à perfectionner en sa personne ce que la nature avait commencé. S'il pense avec quelque justesse, s'il s'exprime avec quelque grâce, et s'il sait faire déjà un assez juste discernement des hommes, ce sont autant de qualités qu'il a tâché de vous dérober. Pour moi, madame, qui connais ses plus secrètes pensées, je sais avec quelle admiration il vous écoute, et je puis vous assurer avec vérité qu'il vous étudie beaucoup plus volontiers que tous ses livres.

Vous trouverez, dans l'ouvrage que je vous présente, quelques traits assez beaux de l'histoire ancienne ; mais il craint que, dans la foule des événements merveilleux qui sont arrivés de nos jours, nous ne soyons guère touchés de tout ce qu'il pourra vous apprendre des siècles passés : il craint cela avec d'autant plus de raison, qu'il a éprouvé la même chose en lisant les livres. Il trouve quelquefois étrange que les hommes se soient fait une nécessité d'apprendre par cœur des auteurs qui nous disent des merveilles si fort au-dessous de celles que nous voyons. Comment pourrait-il être frappé des victoires des Grecs et des Romains, et de tout ce que *Florus* et *Justin* lui racontent? Ses nourrices, dès le berceau, ont accoutumé ses oreilles à de plus grandes choses. On lui parle, comme d'un prodige, d'une ville que les Grecs prirent en dix ans; il n'a que sept ans, et il a déjà vu chanter en France des *Te Deum* pour la prise de plus de cent villes.

Tout cela, madame, le dégoûte un peu de l'antiquité : il est fier naturellement; je vois bien qu'il se croit de bonne maison; et, avec quelque éloge qu'on lui parle d'*Alexandre* et de *César*, je ne sais s'il voudrait faire quelque comparaison avec les enfants de ces grands hommes. Je m'assure que vous ne désapprouverez pas en lui cette petite fierté, et que vous conviendrez qu'il ne se connaît pas mal en héros; mais vous avouerez aussi que je ne me connais pas mal à faire des présents, et que, dans le dessein que j'avais de vous dédier un livre, je ne pouvais choisir un auteur à qui vous prissiez plus d'intérêt qu'à celui-ci.

Je suis, madame, etc.

J.-J. ROUSSEAU

A UN JEUNE HOMME QUI DEMANDAIT A S'ÉTABLIR A MONTMO-RENCY, POUR Y PROFITER DE SES LEÇONS.

Vous ignorez, monsieur, que vous écrivez à un pauvre homme accablé de maux, et de plus fort occupé, qui n'est guère en état de vous répondre, et qui le serait encore moins d'établir avec vous la société que vous lui proposez. Vous m'honorez en pensant que je pourrais vous y être utile, et vous êtes louable du motif qui vous le fait désirer; mais sur le motif même, je ne vois rien de moins nécessaire que de vous établir à Montmorency : vous n'avez pas besoin d'aller chercher si loin les principes de la morale.

Rentrez dans votre cœur, et vous les y trouverez ; et je ne pourrai rien vous dire à ce sujet, que ne vous dise encore mieux votre conscience, quand vous la voudrez consulter. La vertu, monsieur, n'est pas une science qui s'apprend avec tant d'appareil : pour être vertueux, il suffit de vouloir l'être ; et si vous avez bien cette volonté, tout est fait : votre bonheur est décidé.

S'il m'appartenait de vous donner des conseils, le premier que je voudrais vous donner serait de ne point vous livrer à ce goût que vous dites avoir pour la vie contemplative, et qui n'est qu'une paresse de l'âme, condamnable à tout âge, et surtout au vôtre. L'homme n'est point fait pour méditer, mais pour agir ; la vie laborieuse que Dieu nous impose n'a rien que de doux au cœur de l'homme de bien qui s'y livre en vue de remplir son devoir, et la vigueur de la jeunesse ne vous a pas été donnée pour la perdre à d'oisives contemplations.

Travaillez donc, monsieur, dans l'état où vous ont placé vos parents et la Providence : voilà le premier précepte de la vertu que vous voulez suivre ; et si le séjour de Paris, joint à l'emploi que vous remplissez, vous paraît d'un trop difficile alliage avec elle, faites mieux, monsieur, retournez dans votre province ; allez vivre dans le sein de votre famille ; servez, soignez vos vertueux parents : c'est là que vous remplirez véritablement les soins que la vertu vous impose.

Une vie dure est plus facile à supporter en province que la fortune à poursuivre à Paris, surtout quand on sait, comme vous ne l'ignorez pas, que les plus indignes manéges y font plus de fripons gueux que de parvenus. Vous ne devez point vous estimer malheureux de vivre comme fait monsieur votre père ; et il n'y a point de sort que le travail, la vigilance, l'innocence et le contentement de soi ne rendent supportable, quand on s'y soumet en vue de remplir son devoir.

Voilà, monsieur, des conseils qui valent tous ceux que vous pourriez venir prendre à Montmorency : peut-être ne seront-ils pas de votre goût, et je crains que vous ne preniez pas le parti de les suivre : mais je suis sûr que vous vous en repentirez un jour. Je vous souhaite un sort qui ne vous force jamais à vous en souvenir.

DIALOGUES.

PHILINTE, ALCESTE.

PHILINTE.
Qu'est-ce donc? qu'avez-vous donc?

ALCESTE, assis.
Laissez-moi, je vous prie.

PHILINTE.
Mais encor, dites-moi, quelle bizarrerie...

ALCESTE.
Laissez-moi là, vous dis-je, et courez vous cacher.

PHILINTE.
Mais on entend les gens, au moins, sans se fâcher.

ALCESTE.

Moi, je veux me fâcher, et ne veux point entendre.

PHILINTE.

Dans vos brusques chagrins je ne puis vous comprendre;
Et, quoiqu'amis, enfin, je suis tout des premiers...

ALCESTE, se levant brusquement.

Moi, votre ami! rayez cela de vos papiers.
J'ai fait jusques ici profession de l'être;
Mais, après ce qu'en vous je viens de voir paraître,
Je vous déclare net que je ne le suis plus,
Et ne veux nulle place en des cœurs corrompus.

PHILINTE.

Je suis donc bien coupable, Alceste, à votre compte?

ALCESTE.

Allez, vous devriez mourir de pure honte;
Une telle action ne saurait s'excuser,
Et tout homme d'honneur s'en doit scandaliser.
Je vous vois accabler un homme de caresses,
Et témoigner pour lui les dernières tendresses;
De protestations, d'offres et de serments,
Vous chargez la fureur de vos embrassements :
Et quand je vous demande après quel est cet homme,
A peine pouvez-vous dire comme il se nomme;
Votre chaleur pour lui tombe en vous séparant,
Et vous me le traitez, à moi, d'indifférent!
Morbleu! c'est une chose indigne, lâche, infâme,
De s'abaisser ainsi jusqu'à trahir son âme;
Et si, par malheur, j'en avais fait autant,
Je m'irais, de regret, pendre tout à l'instant.

PHILINTE.

Je ne vois pas, pour moi, que le cas soit pendable ;
Et je vous supplierai d'avoir pour agréable
Que je me fasse un peu grâce sur votre arrêt,
Et ne me pende pas pour cela, s'il vous plaît,

ALCESTE.

Que la plaisanterie est de mauvaise grâce !

PHILINTE.

Mais, sérieusement, que voulez-vous qu'on fasse ?

ALCESTE.

Je veux qu'on soit sincère, et qu'en homme d'honneur
On ne lâche aucun mot qui ne parte du cœur.

PHILINTE.

Lorsqu'un homme vous vient embrasser avec joie,
Il faut bien le payer de la même monnoie,
Répondre comme on peut à ses empressements,
Et rendre offre pour offre et serments pour serments.

ALCESTE.

Non, je ne puis souffrir cette lâche méthode,
Qu'affectent la plupart de vos gens à la mode ;
Et je ne hais rien tant que les contorsions
De tous ces grands faiseurs de protestations,
Ces affables donneurs d'embrassades frivoles,
Ces obligeants diseurs d'inutiles paroles,
Qui de civilités avec tous font combat,
Et traitent du même air l'honnête homme et le fat.
Quel avantage a-t-on qu'un homme vous caresse,
Vous jure amitié, foi, zèle, estime, tendresse,
Et vous fasse de vous un éloge éclatant,
Lorsqu'au premier faquin il court en faire autant ?

Je refuse d'un cœur la vaste complaisance
Qui ne fait de mérite aucune différence :
Je veux qu'on me distingue ; et, pour le trancher net,
L'ami du genre humain n'est point du tout mon fait.

PHILINTE.

Mais quand on est du monde, il faut bien que l'on rende
Quelques dehors civils que l'usage demande.

ALCESTE.

Non, vous dis-je ; on devrait châtier sans pitié
Ce commerce honteux de semblant d'amitié.
Je veux que l'on soit homme, et qu'en toute rencontre
Le fond de notre cœur dans nos discours se montre ;
Que ce soit lui qui parle, et que nos sentiments
Ne se masquent jamais sous de vains compliments.

PHILINTE.

Il est bien des endroits où la pleine franchise
Deviendrait ridicule, et serait peu permise ;
Et, parfois, n'en déplaise à votre austère honneur,
Il est bon de cacher ce qu'on a dans le cœur.
Serait-il à propos et de la bienséance
De dire à mille gens tout ce que d'eux on pense
Et quand on a quelqu'un qu'on hait, ou qui déplaît,
Lui doit-on déclarer la chose comme elle est ?

ALCESTE.

Oui.

PHILINTE.

Quoi ! vous iriez dire à la vieille Émilie
Qu'à son âge il sied mal de faire la jolie,
Et que le blanc qu'elle a scandalise chacun ?

9

ALCESTE.

Sans doute.

PHILINTE.

A Dorilas, qu'il est trop importun,
Et qu'il n'est à la cour oreille qu'il ne lasse
A conter sa bravoure et l'éclat de sa race?

ALCESTE.

Fort bien.

PHILINTE.

Vous vous moquez.

ALCESTE.

Je ne me moque point;
Et je vais n'épargner personne sur ce point :
Mes yeux sont trop blessés; et la cour et la ville
Ne m'offrent rien qu'objets à m'échauffer la bile.
J'entre en une humeur noire, en un chagrin profond,
Quand je vois vivre entre eux les hommes comme ils font.
Je ne trouve partout que lâche flatterie,
Qu'injustice, intérêt, trahison, fourberie:
Je n'y puis plus tenir, j'enrage; et mon dessein
Est de rompre en visière à tout le genre humain.

PHILINTE.

Ce chagrin philosophe est un peu trop sauvage.
Je ris des noirs accès où je vous envisage.
Le monde par vos soins ne se changera pas.
Et puisque la franchise a pour vous tant d'appas,
Je vous dirai tout franc que cette maladie
Partout où vous allez donne la comédie;
Et qu'un si grand courroux contre les mœurs du temps
Vous tourne en ridicule auprès de bien des gens.

ALCESTE.

Tant mieux, morbleu ! tant mieux ; c'est ce que je demande :
Ce m'est un fort bon signe, et ma joie en est grande.
Tous les hommes me sont à tel point odieux,
Que je serais fâché d'être sage à leurs yeux.

PHILINTE.

Vous voulez un grand mal à la nature humaine !

ALCESTE.

Oui, j'ai conçu pour elle une effroyable haine.

PHILINTE.

Tous les pauvres mortels, sans nulle exception,
Seront enveloppés dans cette aversion?
Encore en est-il bien dans le siècle où nous sommes...

ALCESTE.

Non, elle est générale, et je hais tous les hommes :
Les uns, parce qu'ils sont méchants et malfaisants ;
Et les autres, pour être aux méchants complaisants,
Et n'avoir pas pour eux ces haines vigoureuses
Que doit donner le vice aux âmes vertueuses.
De cette complaisance on voit l'injuste excès
Pour le franc scélérat avec qui j'ai procès.
Au travers de son masque on voit à plein le traître.
Partout il est connu pour tout ce qu'il peut être ;
Et ses roulements d'yeux et son ton radouci
N'imposent qu'à des gens qui ne sont point d'ici.
On sait que ce pied-plat, digne qu'on le confonde,
Par de sales emplois s'est poussé dans le monde ;
Et que par eux son sort, de splendeur revêtu,
Fait gronder le mérite et rougir la vertu.
Quelques titres honteux qu'en tous lieux on lui donne,

Son misérable honneur ne voit pour lui personne :
Nommez-le fourbe, infâme, et scélérat maudit,
Tout le monde en convient, et nul n'y contredit.
Cependant sa grimace est partout bien venue,
On l'accueille, on lui rit, partout il s'insinue ;
Et s'il est par la brigue un rang à disputer,
Sur le plus honnête homme on le voit l'emporter.
Têtebleu ! ce me sont de mortelles blessures
De voir qu'avec le vice on garde des mesures ;
Et parfois il me prend des mouvements soudains
De fuir dans un désert l'approche des humains.

Molière (le Misanthrope).

NEMOURS, LOUIS.

LOUIS.

Cédons... Non, c'est faiblesse.

(Il va tomber à genoux sur son prie-dieu.

O comble de misère!

NEMOURS, qui entr'ouvre les rideaux, s'avance et reste immobile, le poignard
à la main.

Mon père, il vous laissa finir votre prière !

LOUIS, qui a placé son chapeau devant lui, s'adressant à une des Vierges de
plomb qui y sont attachées.

Des affligés céleste appui,
Notre-Dame d'Embrun, tu sais, Vierge adorable,
Qu'à bonne intention je reste inexorable.

A Dieu fais comprendre aujourd'hui

Que, pour son plus grand avantage,

Je dois conserver sans partage

Un pouvoir qui me vient de lui.

La justice des rois veut être satisfaite ;

Ils ont, en punissant, droit à votre merci :

Que votre volonté soit faite,

Dieu clément, et la mienne aussi !

(En se levant.)

Reposons-nous enfin !

(Il se retourne, et se trouve vis-à-vis de Nemours qui s'élance sur lui.

Que vois-je ? ô ciel !

NEMOURS.

Silence !

LOUIS.

Je me tais.

NEMOURS.

Pas un cri !

LOUIS.

Non.

NEMOURS.

Par leur vigilance

Es-tu bien défendu ?

LOUIS.

Nemours, je t'appartiens.

NEMOURS.

Qui veut risquer ses jours est donc maître des tiens ?

LOUIS.

Que veux-tu ?

NEMOURS.

Te punir.

LOUIS.

Juge-moi sans colère

NEMOURS.

Je ne suis pas ton juge.

LOUIS.

Eh ! qui l'est donc ?

NEMOURS.

Mon père.

LOUIS.

Toi.

NEMOURS.

Mon père.

LOUIS.

Toi seul.

NEMOURS.

Mon père.

LOUIS.

Il me tuerait.

NEMOURS.

Tu viens de te juger.

LOUIS.

N'accomplis pas l'arrêt ;

Sois clément.

NEMOURS.

Je suis juste.

LOUIS.

Écoute ma prière.

NEMOURS.

Rappelle-toi la sienne et sa lettre dernière.

LOUIS.

Je n'en ai pas reçu.

NEMOURS.

Cet écrit déchirant

Que tu lui renvoyas...

LOUIS.

Moi, Nemours !

NEMOURS.

Qu'en mourant

Il portait sur son cœur, c'est tout mon héritage ;
Le voilà : contre toi qu'il rende témoignage ;
Imposteur, le voilà : regarde, lis.

LOUIS.

Pitié !

NEMOURS.

Lis, lis sous ce poignard, si tu l'as oublié!

LOUIS.

Je ne puis.

NEMOURS.

Sous le glaive il pouvait bien écrire :
Lis comme il écrivait.

LOUIS.

Non : je ne puis, j'expire.

Ce poignard, que j'écarte et dont tu me poursuis,
Il m'éblouit, m'aveugle ; oh ! non, non, je ne puis.

NEMOURS.

Il faut l'entendre, au moins.

LOUIS.

Miséricorde !

NEMOURS.

Écoute :

Tu répondras.

(Il lit.)

« Mon très-redouté et souverain seigneur, tant et si hum-
» blement que faire je peux ; me recommande à votre grâce
» et miséricorde. »

Eh bien ?

LOUIS.

Je fus cruel, sans doute.
Mon fils est innocent, il a besoin d'appui :
Ah ! laisse-lui son père.

NEMOURS.
Écoute :

(Il lit.)

« Faites-moi grâce et à mes pauvres enfants ! Ne souffrez
» pas que pour mes péchés je meure à honte et à confusion,
» et qu'ils vivent en déshonneur et à quérir leur pain. Pour
» Dieu, sire, ayez pitié de moi et de mes pauvres enfants ! »

Réponds-lui :

Qu'as-tu fait pour ses fils ?

LOUIS.

Sur l'honneur je m'engage
A te livrer Tristan, dont vos maux sont l'ouvrage.

NEMOURS, lisant.

« Écrit en la cage de la Bastille, le dernier de janvier (1). »
Et lorsqu'il en sortit...

LOUIS.

Oh ! ne t'en souviens pas !

NEMOURS.

Le puis-je ? vois toi-même.

LOUIS, égaré.
Où donc, Nemours ?

___

(1) Dernière lettre de Jacques d'Armagnac, duc de Nemours à Louis XI.

NEMOURS, lui montrant la lettre avec la pointe du poignard.

Plus bas;

Lis cette fois.

LOUIS, lisant.

« Votre pauvre Jacques d'Armagnac. »

NEMOURS.

Le nom de ton enfance,

Et là... son sang !

LOUIS.

Nemours, tu pleures.

NEMOURS.

Ma vengeance

Te vendra cher ces pleurs.

LOUIS.

Grand Dieu ! c'en est donc fait?

NEMOURS.

Pour que le châtiment soit égal au forfait,
Par quel supplice affreux peut-elle être assouvie?

LOUIS, se traînant à ses pieds.

Grâce !

NEMOURS.

Il n'en est qu'un seul.

LOUIS, qui se renverse frappé de terreur.

C'est ma mort !

NEMOURS, après avoir levé le poignard, qu'il jette loin de lui.

C'est ta vie !

Qui, moi, t'en délivrer! je t'ai vu trop souffrir.
Achève donc de vivre ou plutôt de mourir.
Meurs encor : meurs longtemps, pour que tes artifices,
Pour que tes cruautés t'amassent des supplices ;

9.

Pour qu'à tes tristes jours chaque jour ajouté
Soit un avant-coureur de ton éternité !
Attends-la : que, plus juste et plus impitoyable,
Elle vienne, à pas lents, te saisir plus coupable.
Dieu, je connais ses maux, j'ai reçu ses aveux ;
Pour me venger de lui, je m'unis à ses vœux.
Satisfaites, mon Dieu, son effroyable envie :
Un miracle ! la vie ! ah ! prolongez sa vie !

CASIMIR DELAVIGNE (*Louis XI*).

ÉDOUARD, assis sur le lit; LE DUC D'YORK, sur un siége, près de
lui, tenant un livre.

LE DUC D'YORK.

De m'écouter, milord, vous me ferez la grâce,
Ou je ne lirai plus.

ÉDOUARD.

La lecture me lasse.

LE DUC D'YORK.

Voyez sur ce fond d'or la Madeleine en pleurs.

Tournant la page.

Du dragon de saint George admirez les couleurs.

ÉDOUARD.

Je l'ai tant vu, Richard !

LE DUC D'YORK.

Eh bien, mon cher malade
Veut-il que je lui chante une vieille ballade?

ÉDOUARD.

Non.

LE DUC D'YORK

Irai-je danser pour l'égayer un peu?

ÉDOUARD.

Reste.

LE DUC D'YORK.

Veut-il jouer?

ÉDOUARD.

Je n'ai pas cœur au jeu.

LE DUC D'YORK, se levant.

Je me dépite enfin.

ÉDOUARD.

Tu me laisses?

LE DUC D'YORK.

Que faire?

On vous propose tout, rien ne peut vous distraire.

ÉDOUARD.

C'est que je souffre.

LE DUC D'YORK, revenant.

Ami, conte-moi tes tourments.

Aussi, pourquoi nourrir ces noirs pressentiments?
Quand, sans bruit, ce matin j'ai quitté notre couche,
Tu dormais, des sanglots s'échappaient de ta bouche.

ÉDOUARD.

Verrai-je donc toujours ces roses de Windsor !

LE DUC D'YORK.

Un rêve t'agitait ; il te poursuit encore :
Dis-le-moi.

ÉDOUARD.

Tu rirais.

LE DUC D'YORK.

Pourquoi? s'il est terrible.

Je promets d'avoir peur; parle.

ÉDOUARD.

C'est impossible;

Il était si confus, si vague !

LE DUC D'YORK.

Je le veux.

ÉDOUARD.

Pour le couronnement on nous cherchait tous deux.
Je t'ai dit : « Viens, Richard, ma mère nous appelle ; »
Et, te prenant la main, je voulais fuir, près d'elle,
Un tigre dont les yeux semblaient nous menacer.
Mes pieds marchaient, couraient sans pouvoir avancer;
Et toujours, mais en vain.

LE DUC D'YORK.

Oh! c'est vrai : dans un rêve

On s'élance, on veut fuir; on ne peut pas. Achève.

ÉDOUARD.

Tout à coup, à Windsor je me crus transporté.
Le feuillage tremblait par les vents agité ;
Leur souffle tiède et lourd annonçait un orage
Pour deux pâles boutons, qui, presque du même âge,
Sur un même rameau confondant leur parfum ,
L'un à l'autre enlacés, semblaient n'en former qu'un.
Unis comme eux, Richard, nous admirions leurs charmes.
En voyant l'eau du ciel qui les couvrait de larmes,
Je les pris en pitié sans deviner pourquoi,
Et tu me dis alors : « Mon frère, un d'eux, c'est toi :
L'autre, c'est moi. » Soudain le fer brille. O prodige!

Le sang par jets vermeils s'échappe de leur tige.
Comme si c'était moi qui le perdais ce sang,
Mon cœur vint à faillir ; ma main, en se baissant
Pour chercher dans la nuit leurs feuilles dispersées,
Toucha de deux enfants les dépouilles glacées.
Puis je ne sentis plus ; mais j'entendis des voix
Qui disaient : Portez-les au tombeau de nos rois.

LE DUC D'YORK.

J'en suis encore ému... Cette fois je me fâche ;
C'est ta faute, Édouard : tu sembles prendre à tâche
D'offrir à ton esprit mille objets attristants,
Et puis tu dis après : Je souffre... Il est bien temps !
Au lieu de te livrer à la mélancolie,
Lève-toi ; viens, courons, faisons quelque folie.
Aussi gai qu'un beau jour, j'étends, à mon réveil,
Comme les papillons, mes ailes au soleil,
Et me voilà parti, sautant, volant...

ÉDOUARD.

L'espace ?

Il te manque, Richard.

LE DUC D'YORK.

D'accord, mais je m'en passe.

Là, je rêve à mon tour, mais plus gaîment que toi.
Je fends l'azur du ciel qui s'ouvre devant moi ;
Libre, je rends visite à la terre, aux étoiles ;
Sur la Tamise en feu je suis ces blanches voiles,
Ces barques dont la lune enflamme les sillons,
Et je me laisse à bord glisser dans ses rayons.

ÉDOUARD.

Que ne pouvais-je hier voler avec la brise

Vers cette femme en deuil sur une pierre assise!
C'était ma mère.

LE DUC D'YORK.

Hélas!

ÉDOUARD.

Je la vis le premier.

LE DUC D'YORK.

Non, c'est moi.

ÉDOUARD.

C'est bien moi. Je n'osais pas crier;
Les bras tendus, l'œil fixe et l'oreille attentive,
J'écoutais les sanglots de cette ombre plaintive.
Que de fois dans les airs mon mouchoir a flotté!

LE DUC D'YORK.

Quel bonheur quand le sien vers nous s'est agité!
Mais tous nos signes vains, mais nos baisers sans nombre
Se sont perdus bientôt dans les vents et dans l'ombre.

ÉDOUARD.

Nous ne la verrons plus!

LE DUC D'YORK.

Conserve donc l'espoir.
Nous la verrons, te dis-je, aujourd'hui, dès ce soir.

CASIMIR DELAVIGNE (*Les Enfants d'Édouard*).

AUGUSTE, CINNA.

AUGUSTE.

Prends un siége, Cinna; prends, et sur toute chose
Observe exactement la loi que je t'impose:

Prête, sans me troubler, l'oreille à mes discours ;
D'aucun mot, d'aucun cri n'en interromps le cours ;
Tiens ta langue captive, et si ce grand silence
A ton émotion fait quelque violence,
Tu pourras me répondre après tout à loisir :
Sur ce point seulement contente mon désir.

CINNA.

Je vous obéirai, seigneur.

Auguste et Cinna s'asseyent.

AUGUSTE.

Qu'il te souvienne
De garder ta parole, et je tiendrai la mienne.
Tu vois le jour, Cinna, mais ceux dont tu le tiens
Furent les ennemis de mon père et les miens,
Au milieu de leur camp tu reçus la naissance ;
Et lorsque après leur mort tu vins en ma puissance,
Leur haine enracinée au milieu de ton sein
T'avait mis contre moi les armes à la main.
Tu fus mon ennemi même avant que de naître,
Et tu le fus encor quand tu me pus connaître ;
Et l'inclination jamais n'a démenti
Ce sang qui t'avait fait du contraire parti :
Autant que tu l'as pu, les effets l'ont suivie ;
Je ne m'en suis vengé qu'en te donnant la vie :
Je te fis prisonnier pour te combler de biens,
Ma cour fut ta prison, mes faveurs tes liens ;
Je te restituai d'abord ton patrimoine,
Je t'enrichis après des dépouilles d'Antoine,
Et tu sais que depuis, à chaque occasion,
Je suis tombé pour toi dans la profusion.
Toutes les dignités que tu m'as demandées,

Je te les ai sur l'heure et sans peine accordées ;
Je t'ai préféré même à ceux dont les parents
Ont jadis dans mon camp tenu les premiers rangs ;
A ceux qui de leur sang m'ont acheté l'empire.
Et qui m'ont conservé le jour que je respire ;
De la façon enfin qu'avec toi j'ai vécu,
Les vainqueurs sont jaloux du bonheur du vaincu.
Quand le ciel me voulut, en rappelant Mécène,
Après tant de faveurs montrer un peu de haine,
Je te donnai sa place en ce triste accident,
Et te fis après lui mon plus cher confident.
Aujourd'hui même encor, mon âme irrésolue
Me pressant de quitter ma puissance absolue,
De Maxime et de toi j'ai pris les seuls avis,
Et ce sont, malgré lui, les tiens que j'ai suivis.
Bien plus, ce même jour je te donne Émilie,
Le digne objet des vœux de toute l'Italie,
Et qu'ont mise si haut mon amour et mes soins,
Qu'en te couronnant roi je t'aurais donné moins.
Tu t'en souviens, Cinna, tant d'heur et tant de gloire
Ne peuvent pas sitôt sortir de ta mémoire ;
Mais ce qu'on ne pourrait jamais s'imaginer,
Cinna, tu t'en souviens, et veux m'assassiner.

CINNA, se levant.

Moi, seigneur, moi que j'eusse une âme si traîtresse !
Qu'un si lâche dessein...

AUGUSTE.

        Tu tiens mal ta promesse ;
Sieds-toi, je n'ai pas dit encor ce que je veux,
Tu te justifiras après, si tu le peux ;
Écoute cependant et tiens mieux ta parole.

Tu veux m'assassiner demain, au Capitole,
Pendant le sacrifice ; et ta main pour signal
Me doit, au lieu d'encens, donner le coup fatal :
La moitié de tes gens doit occuper la porte,
L'autre moitié te suivre et te prêter main-forte.
Ai-je de bons avis ou de mauvais soupçons ?
De tous ces meurtriers te dirai-je les noms ?
Procule, Glabrion, Virginian, Rutile,
Marcel, Plaute, Lénas, Pompone, Albin, Icile,
Maxime, qu'après toi j'avais le plus aimé ;
Le reste ne vaut pas la peine d'être nommé ;
Un tas d'hommes perdus de dettes et de crimes
Que pressent de mes lois les ordres légitimes,
Et qui, désespérant de les plus éviter,
Si tout n'est renversé, ne sauraient subsister.
Tu te tais maintenant et gardes le silence
Plus par confusion que par obéissance.
Quel était ton dessein et que prétendais-tu,
Après m'avoir, au temple, à tes pieds abattu ?
Affranchir ton pays d'un pouvoir monarchique ?
Si j'ai bien entendu tantôt ta politique,
Son salut désormais dépend d'un souverain
Qui, pour tout conserver, tienne tout en sa main ;
Et si sa liberté te faisait entreprendre,
Tu ne m'eusses jamais empêché de la rendre ;
Tu l'aurais acceptée au nom de tout l'État,
Sans vouloir l'acquérir par un assassinat.
Quel était donc ton but ? D'y régner en ma place ?
D'un étrange malheur son destin le menace,
Si, pour monter au trône et lui donner la loi,
Tu ne trouves dans Rome autre obstacle que moi :

Si jusques à ce point son sort est déplorable
Que tu sois après moi le plus considérable,
Et que ce grand fardeau de l'empire romain
Ne puisse, après ma mort, tomber mieux qu'en ta main.
Apprends à te connaître et descends en toi-même.
On t'honore dans Rome, on te courtise, on t'aime;
Chacun tremble sous toi, chacun t'offre des vœux.
Ta fortune est bien haut, tu peux ce que tu veux;
Mais tu ferais pitié même à ceux qu'elle irrite,
Si je t'abandonnais à ton peu de mérite.
Ose me démentir, dis-moi ce que tu vaux;
Conte-moi tes vertus, tes glorieux travaux,
Les rares qualités par où tu m'as dû plaire,
Et tout ce qui t'élève au-dessus du vulgaire.
Ma faveur fait ta gloire, et ton pouvoir en vient;
Elle seule t'élève, et seule te soutient :
C'est elle qu'on adore et non pas ta personne :
Tu n'as crédit ni rang qu'autant qu'elle t'en donne,
Et, pour te faire choir, je n'aurais aujourd'hui
Qu'à retirer la main qui seule est ton appui.
J'aime mieux toutefois céder à ton envie,
Règne, si tu le peux, aux dépens de ma vie;
Mais oses-tu penser que les Serviliens,
Les Cosses, les Métels, les Pauls, les Fabiens,
Et tant d'autres enfin de qui les grands courages
Des héros de leur sang sont les vives images,
Quittent le noble orgueil d'un sang si généreux,
Jusqu'à pouvoir souffrir que tu règnes sur eux?
Parle, parle, il est temps.

CINNA.

Je demeure stupide,

Non que votre colère ou la mort m'intimide ;
Je vois qu'on m'a trahi, vous m'y voyez rêver ;
Et j'en cherche l'auteur sans pouvoir le trouver.
Mais c'est trop y tenir toute l'âme occupée.
Seigneur, je suis Romain, et du sang de Pompée ;
Le père et les deux fils lâchement égorgés,
Par la mort de César étaient trop peu vengés :
C'est là d'un beau dessein l'illustre et seule cause,
Et puisqu'à vos rigueurs la trahison m'expose,
N'attendez point de moi d'infâmes repentirs,
D'inutiles regrets, ni de honteux soupirs.
Le sort vous est propice autant qu'il m'est contraire :
Je sais ce que j'ai fait et ce qu'il vous faut faire ;
Vous devez un exemple à la postérité,
Et mon trépas importe à votre sûreté.

AUGUSTE.

Tu me braves, Cinna, tu fais le magnanime.
Et loin de l'excuser, tu couronnes ton crime ;
Voyons si ta constance ira jusques au bout :
Tu sais ce qui t'est dû, tu vois que je sais tout :
Fais ton arrêt toi-même, et choisis tes supplices.

CORNEILLE (Cinna.)

DÉMOCRITE, HÉRACLITE.

DÉMOCRITE.

Je ne saurais m'accommoder d'une philosophie triste.

HÉRACLITE.

Ni moi, d'une gaie. Quand on est sage, on ne voit

rien dans le monde qui ne paraisse de travers et qui ne déplaise.

DÉMOCRITE.

Vous prenez les choses d'un trop grand sérieux : cela vous fera mal.

HÉRACLITE.

Vous les prenez avec trop d'enjouement ; votre air moqueur est plutôt celui d'un satyre que d'un philosophe. N'êtes-vous point touché de voir le genre humain si aveugle, si corrompu, si égaré ?

DÉMOCRITE.

Je suis bien plus touché de le voir si impertinent et si ridicule.

HÉRACLITE.

Mais enfin ce genre humain, dont vous riez, c'est le monde entier avec qui vous vivez ; c'est la société de vos amis, c'est votre famille, c'est vous-même.

DÉMOCRITE.

Je ne me soucie guère de tous les fous que je vois, et je me crois sage en me moquant d'eux.

HÉRACLITE.

S'ils sont fous, vous n'êtes guère sage ni bon, de ne les pas plaindre et d'insulter à leur folie. D'ailleurs, qui vous répond que vous ne soyez pas aussi extravagant qu'eux ?

DÉMOCRITE.

Je ne puis l'être, pensant en toutes choses le contraire de ce qu'ils pensent.

HÉRACLITE.

Il y a des folies de diverses espèces. Peut-être qu'à force de contredire les folies des autres, vous vous jetez dans une extrémité contraire qui n'est pas moins folle.

DÉMOCRITE.

Croyez-en ce qu'il vous plaira, et pleurez encore sur moi si vous avez des larmes de reste : pour moi, je suis content de rire des fous. Tous les hommes ne le sont-ils pas ? Répondez.

HÉRACLITE.

Hélas ! ils ne le sont que trop ; c'est ce qui m'afflige : nous convenons, vous et moi, en ce point, que les hommes ne suivent point la raison. Mais moi, qui ne veux pas faire comme eux, je veux suivre la raison qui m'oblige de les aimer ; et cette amitié me remplit de compassion pour leurs égarements. Ai-je tort d'avoir pitié de mes semblables, de mes frères, de ce qui est, pour ainsi dire, une partie de moi-même ? Si vous entriez dans un hôpital de blessés, ririez-vous de voir leurs blessures ? Les plaies du corps ne sont rien en comparaison de celles de l'âme. Vous auriez honte de votre cruauté, si vous aviez ri du malheureux qui a la jambe coupée : et vous avez l'inhumanité de vous divertir du monde entier qui a perdu la raison.

DÉMOCRITE.

Celui qui a perdu une jambe est à plaindre, en ce qu'il ne s'est point ôté lui-même ce membre ; mais celui qui perd la raison, la perd par sa faute.

HÉRACLITE.

Eh ! c'est en quoi il est plus à plaindre. Un insensé furieux qui s'arracherait lui-même les yeux serait encore plus digne de compassion qu'un autre aveugle.

DÉMOCRITE.

Accommodons-nous. Il y a de quoi nous justifier tous deux : il y a partout de quoi rire et de quoi pleurer. Le monde est ridicule, et j'en ris ; il est déplorable, et vous en pleurez : chacun le regarde à sa mode et suivant son tempérament. Ce qui est certain, c'est que le monde est de travers. Pour bien faire, pour bien penser, il faut faire, il faut penser autrement que le grand nombre : se régler par l'autorité et par l'exemple du commun des hommes, c'est le partage des insensés.

HÉRACLITE.

Tout cela est vrai; mais vous n'aimez rien, et le mal d'autrui vous réjouit : c'est n'aimer ni les hommes ni la vertu qu'ils abandonnent.

FÉNELON.

POLYEUCTE, NÉARQUE.

NÉARQUE.

Où pensez-vous aller?

POLYEUCTE.

Au temple où l'on m'appelle.

NÉARQUE.

Quoi! vous mêler aux vœux d'une troupe infidèle!
Oubliez-vous déjà que vous êtes chrétien?

POLYEUCTE.

Vous, par qui je le suis, vous en souvient-il bien?

NÉARQUE.

J'abhorre les faux dieux.

POLYEUCTE.

Et moi, je les déteste.

NÉARQUE.

Je tiens leur culte impie.

POLYEUCTE.

Et je le tiens funeste.

NÉARQUE.

Fuyez donc leurs autels.

POLYEUCTE.

Je les veux renverser,
Et mourir dans leur temple, ou les y terrasser.
Allons, mon cher Néarque, allons aux yeux des hommes
Braver l'idolâtrie, et montrer qui nous sommes ;
C'est l'attente du ciel, il nous la faut remplir :
Je viens de le promettre, et je vais l'accomplir.
Je rends grâces au Dieu que tu m'as fait connaître
De cette occasion qu'il a sitôt fait naître,
Où déjà sa bonté, prête à me couronner,
Daigne éprouver la foi qu'il vient de me donner.

NÉARQUE.

Ce zèle est trop ardent, souffrez qu'il se modère.

POLYEUCTE.

On n'en peut trop avoir pour le Dieu qu'on révère.

NÉARQUE.

Vous trouverez la mort.

POLYEUCTE.

Je la cherche pour lui.

NÉARQUE.

Et si ce cœur s'ébranle ?

POLYEUCTE.

Il sera mon appui.

NÉARQUE.

Mais dans ce temple enfin la mort est assurée.

POLYEUCTE.

Mais dans le ciel déjà la palme est préparée.

NÉARQUE.

Par une sainte vie il faut la mériter.

POLYEUCTE.

Mes crimes en vivant me la pourraient ôter :
Pourquoi mettre au hasard ce que la mort assure?
Quand elle ouvre le ciel, peut-elle sembler dure?
Je suis chrétien, Néarque, et le suis tout à fait;
La foi que j'ai reçue aspire à son effet.
Qui fuit croit lâchement et n'a qu'une foi morte.

NÉARQUE.

Ménagez votre vie, à Dieu même elle importe.

POLYEUCTE.

D'où vient cette froideur?

NÉARQUE.

       Dieu même a craint la mort.

POLYEUCTE.

Il s'est offert pourtant, suivons ce saint effort;
Dressons-lui des autels sur des monceaux d'idoles.
Il faut (je me souviens encor de vos paroles)
Négliger pour lui plaire et femme, et bien, et rang;
Exposer pour sa gloire et verser tout son sang,
Hélas! qu'avez-vous fait de cette amour parfaite
Que vous me souhaitez et que je vous souhaite?
S'il vous en reste encor, n'êtes-vous point jaloux
Qu'à grand'peine chrétien, j'en montre plus que vous?

NÉARQUE.

Vous sortez du baptême, et ce qui vous anime
C'est sa grâce qu'en vous n'affaiblit aucun crime ;
Comme encor tout entière, elle agit pleinement.
Et tout semble possible à son feu véhément :
Mais cette même grâce, en moi diminuée,
Et par mille péchés sans cesse exténuée,
Agit aux grands effets avec tant de langueur,
Que tout semble impossible à son peu de vigueur.
Cette indigne mollesse et ces lâches défenses
Sont des punitions qu'attirent mes offenses ;
Mais Dieu, dont on ne doit jamais se défier,
Me donne votre exemple à me fortifier.
Allons, cher Polyeucte, allons aux yeux des hommes,
Braver l'idolâtrie et montrer qui nous sommes !
Puissé-je vous donner l'exemple de souffrir,
Comme vous me donnez celui de vous offrir !
A cet heureux transport que le ciel vous envoie,
Je reconnais Néarque, et j'en pleure de joie.
Ne perdons plus de temps, le sacrifice est prêt ;
Allons-y du vrai Dieu soutenir l'intérêt.
Allons fouler aux pieds ce foudre ridicule
Dont arme un bois pourri ce peuple trop crédule ;
Allons en éclairer l'aveuglement fatal ;
Allons briser ses dieux de pierre et de métal ;
Abandonnons nos jours à cette ardeur céleste ;
Faisons triompher Dieu : qu'il dispose du reste !

CORNEILLE (*Polyeucte*).

ATHALIE ET JOAS.

ATHALIE.

Comment vous nommez-vous?

JOAS.

J'ai nom Eliacin.

ATHALIE.

Votre père?

JOAS.

Je suis, dit-on, un orphelin,
Entre les bras de Dieu jeté dès ma naissance,
Et qui de mes parents n'eus jamais connaissance.

ATHALIE.

Vous êtes sans parents?

JOAS.

Ils m'ont abandonné.

ATHALIE.

Comment? et depuis quand?

JOAS.

Depuis que je suis né.

ATHALIE.

Ne sait-on pas au moins quel pays est le vôtre?

JOAS.

Ce temple est mon pays : je n'en connais point d'autre.

ATHALIE.

Où dit-on que le sort vous a fait rencontrer?

JOAS.

Parmi des loups cruels prêts à me dévorer.

ATHALIE.

Qui vous mit dans ce temple?

JOAS.

Une femme inconnue,
Qui ne dit point son nom, et qu'on n'a point revue.

ATHALIE.

Mais de vos premiers ans quelles mains ont pris soin?

JOAS.

Dieu laisse-t-il jamais ses enfants au besoin?
Aux petits des oiseaux il donne leur pâture,
Et sa bonté s'étend sur toute la nature.
Tous les jours je l'invoque; et d'un soin paternel
Il me nourrit des dons offerts sur son autel.

ATHALIE.

Quel prodige nouveau me trouble et m'embarrasse!
La douceur de sa voix, son enfance, sa grâce,
Font insensiblement à mon inimitié
Succéder... Je serais sensible à la pitié?

ATHALIE à Joas et à Josabet.

Vous sortez?

JOSABET.

Vous avez entendu sa fortune :
Sa présence à la fin pourrait être importune.

ATHALIE.

Non : revenez... Quel est tous les jours votre emploi?

JOAS.

J'adore le Seigneur; on m'explique sa loi;
Dans son livre divin on m'apprend à la lire;
Et déjà de ma main je commence à l'écrire.

ATHALIE.

Que vous dit cette loi?

JOAS.

Que Dieu veut être aimé ;
Qu'il venge tôt ou tard son saint nom blasphémé;
Qu'il est le défenseur de l'orphelin timide;
Qu'il résiste au superbe, et punit l'homicide.

ATHALIE.

J'entends. Mais tout ce peuple enfermé dans ce lieu
A quoi s'occupe-t-il?

JOAS.

Il loue, il bénit Dieu.

ATHALIE.

Dieu veut-il qu'à toute heure on prie, on le contemple?

JOAS.

Tout profane exercice est banni de son temple.

ATHALIE.

Quels sont donc vos plaisirs?

JOAS.

Quelquefois à l'autel
Je présente au grand prêtre ou l'encens ou le sel :
J'entends chanter de Dieu les grandeurs infinies,
Je vois l'ordre pompeux de ses cérémonies.

ATHALIE.

Hé quoi! vous n'avez point de passe-temps plus doux?
Je plains le triste sort d'un enfant tel que vous!
Venez dans mon palais, vous y verrez ma gloire.

JOAS.

Moi! des bienfaits de Dieu je perdrais la mémoire!

ATHALIE.

Non, je ne vous veux pas contraindre à l'oublier.

JOAS.

Vous ne le priez point.

ATHALIE.

Vous pourrez le prier.

JOAS.

Je verrais cependant en invoquer un autre.

ATHALIE.

J'ai mon Dieu que je sers; vous servirez le vôtre :
Ce sont deux puissants Dieux.

JOAS.

     Il faut craindre le mien :
Lui seul est Dieu, madame; et le vôtre n'est rien.

ATHALIE.

Les plaisirs près de moi vous chercheront en foule.

JOAS.

Le bonheur des méchants comme un torrent s'écoule.

ATHALIE.

Ces méchants, qui sont-ils ? . . . .
. . . J'aime à voir comme vous l'instruisez.
Enfin, Éliacin, vous avez su me plaire;
Vous n'êtes point sans doute un enfant ordinaire.
Vous voyez, je suis reine, et n'ai point d'héritier;
Laissez là cet habit, quittez ce vil métier :
Je veux vous faire part de toutes mes richesses.
Essayez dès ce jour l'effet de mes promesses :

10.

A ma table, partout, à mes côtés assis,
Je prétends vous traiter comme mon propre fils.

JOAS.

Comme votre fils !

ATHALIE.

Oui... Vous vous taisez ?

JOAS.

Quel père

Je quitterais ! et pour...

ATHALIE.

Hé bien ?

JOAS.

Pour quelle mère !

RACINE.

———————

TRISSOTIN ET VADIUS.

TRISSOTIN.

Vos vers ont des beautés que n'ont point tous les autres.

VADIUS.

Les Grâces et Vénus règnent dans tous les vôtres.

TRISSOTIN.

Vous avez le tour libre et le beau choix des mots.

VADIUS.

On voit partout chez vous l'ithos et le pathos.

TRISSOTIN.

Nous avons vu de vous des églogues d'un style
Qui passe en doux attraits Théocrite et Virgile.

VADIUS.

Vos odes ont un air noble, galant et doux,
Qui laisse de bien loin votre Horace après vous.

TRISSOTIN.

Est-il rien d'amoureux comme vos chansonnettes?

VADIUS.

Peut-on rien voir d'égal aux sonnets que vous faites?

TRISSOTIN.

Rien qui soit plus charmant que vos petits rondeaux?

VADIUS.

Rien de si plein d'esprit que tous vos madrigaux?

TRISSOTIN.

Aux ballades surtout vous êtes admirable.

VADIUS.

Et dans les bouts-rimés je vous trouve adorable.

TRISSOTIN.

Si la France pouvait connaître votre prix,

VADIUS.

Si le siècle rendait justice aux beaux esprits,

TRISSOTIN.

En carrosse doré vous iriez par les rues.

VADIUS.

On verrait le public vous dresser des statues.
(à Trissotin.)
Hom! c'est une ballade, et je veux que tout net
Vous m'en...

TRISSOTIN à Vadius.

Avez-vous vu certain petit sonnet
Sur la fièvre qui tient la princesse Uranie?

TRISSOTIN.

VADIUS.

Oui. Hier il me fut lu dans une compagnie.

TRISSOTIN.

Vous en savez l'auteur?

VADIUS.

Non; mais je sais fort bien
Qu'à ne le point flatter, son sonnet ne vaut rien.

TRISSOTIN.

Beaucoup de gens pourtant le trouvent admirable.

VADIUS.

Cela n'empêche pas qu'il ne soit misérable.
Et, si vous l'avez vu, vous serez de mon goût.

TRISSOTIN.

Je sais que là-dessus je n'en suis point du tout,
Et que d'un tel sonnet peu de gens sont capables.

VADIUS.

Me préserve le ciel d'en faire de semblables!

TRISSOTIN.

Je soutiens qu'on ne peut en faire de meilleur,
Et ma grande raison est que j'en suis l'auteur.

VADIUS.

Vous?

TRISSOTIN.

Moi.

VADIUS.

Je ne sais donc comment se fit l'affaire.

TRISSOTIN.

C'est qu'on fut malheureux de ne pouvoir vous plaire.

VADIUS.

Il faut qu'en écoutant j'aie eu l'esprit distrait,
Ou bien que le lecteur m'ait gâté le sonnet.
Mais laissons ce discours, et voyons ma ballade.

TRISSOTIN.

La ballade, à mon goût, est une chose fade ;
Ce n'en est plus la mode, elle sent vieux temps.

VADIUS.

La ballade pourtant charme beaucoup de gens.

TRISSOTIN.

Cela n'empêche pas qu'elle ne me déplaise.

VADIUS.

Elle n'en reste pas pour cela plus mauvaise.

TRISSOTIN.

Elle a pour les pédants de merveilleux appas.

VADIUS.

Cependant nous voyons qu'elle ne vous plaît pas.

TRISSOTIN.

Vous donnez sottement vos qualités aux autres.

VADIUS.

Fort impertinemment vous me jetez les vôtres.

TRISSOTIN.

Allez, petit grimaud, barbouilleur de papier.

VADIUS.

Allez, rimeur de balle, opprobre du métier.

TRISSOTIN.

Allez, fripier d'écrits, impudent plagiaire.

VADIUS.

Allez, cuistre.....

PHILAMINTE.

Hé, messieurs, que prétendez-vous faire?

TRISSOTIN à Vadius.

Va, va restituer tous les honteux larcins
Que réclament sur toi les Grecs et les Latins.

VADIUS.

Va, va-t'en faire amende honorable au Parnasse
D'avoir fait à tes vers estropier Horace.

TRISSOTIN.

Souviens-toi de ton livre, et de son peu de bruit.

VADIUS.

Et toi, de ton libraire, à l'hôpital réduit. ,

TRISSOTIN.

Ma gloire est établie, en vain tu la déchires.

VADIUS.

Oui, oui, je te renvoie à l'auteur des satires.

TRISSOTIN.

Je t'y renvoie aussi.

VADIUS.

J'ai le contentement
Qu'on voit qu'il m'a traité plus honorablement.
Il me donne, en passant, une atteinte légère,
Parmi plusieurs auteurs qu'au palais on révère;
Mais jamais dans ses vers il ne te laisse en paix,
Et l'on t'y voit partout être en butte à ses traits.

TRISSOTIN.

C'est par là que j'y tiens un rang plus honorable.
Il te met dans la foule ainsi qu'un misérable;
Il croit que c'est assez d'un coup pour t'accabler,

Et ne t'a jamais fait l'honneur de redoubler ;
Mais il m'attaque à part comme un noble adversaire,
Sur qui tout son effort lui semble nécessaire ;
Et ses coups, contre moi redoublés en tous lieux,
Montrent qu'il ne se croit jamais victorieux.

VADIUS.

Ma plume t'apprendra quel homme je puis être.

TRISSOTIN.

Et la mienne saura te faire voir ton maître.

VADIUS.

Je te défie en vers, prose, grec et latin !

TRISSOTIN.

Hé bien, nous nous verrons seul à seul chez Barbin !

MOLIÈRE.

DEUX APOLOGUES.

I.

— « Quel sol bourbeux ! quel verdâtre mélange !
Quelle âcre odeur remplit et charge l'air !
Etquel jour gris ! à peine fait-il clair ! »
Grogne un vieux porc, le grouin dans la fange.

— « Quel horizon limpide ! quel air pur !
Quels frais parfums montent de la prairie !
Quel soleil d'or !... » au même instant s'écrie
Un blanc ramier qui plane dans l'azur.

— « Vous dites vrai tous deux, reprend alors un aigle.
Chacun, selon ses mœurs, sa nature, son goût,
Ne voit qu'un seul côté des choses ; c'est la règle..
Excepté le poëte et moi, qui voyons tout.

  Et cependant, à ne rien taire,
  Ne nous enviez pas nos yeux ,
  Car les nuages de la terre
  Nous gâtent bien souvent les cieux ! »

———

II.

Je m'étais toujours plaint des injures du sort,
Et de la dureté de mes frères, les hommes ;
Je n'avais ni souliers, ni les modiques sommes
Qu'il faut pour en avoir… et je murmurais fort.
Je fus à la mosquée avec les moins ingambes,
Aux cailloux du chemin me déchirant les pieds.
Là, je vis un soldat qui n'avait pas de jambes…
Je ne me plaignis plus de manquer de souliers !

Émile Deschamps.

———

LA GOUTTE D'EAU.
APOLOGUE.

Or, une goutte d'eau, des épaisses nuées
  Tomba dans l'Océan sans bord.
Là, perdue au milieu des vagues remuées.
  Elle s'écria tout d'abord :
« Hélas ! quelle chétive et pauvre créature,

Suis-je dans ces immenses mers !

Qui peut me dire à quoi je sers ?

Dieu ne me voit pas même en son vaste univers !

Je suis la moindre enfant de la grande nature.

Soudain, un vivant coquillage,

Posé près de la goutte d'eau,

Vint à bâiller (le ciel entr'ouvrant son rideau)

Et l'avala d'un trait, elle et son verbiage.

La goutte d'eau resta longtemps à se durcir

Dans la coquille refermée,

Jusqu'à ce qu'elle fût, mûrissant à loisir,

En une perle transformée,

Qui des mains d'un pêcheur passée, en moins d'un an,

Par mille jeux du sort, autre mer écumeuse,

Est à présent, dit-on, cette perle fameuse,

Attachée au front du sultan !

ÉMILE DESCHAMPS.

UN COUP DE FILET.

PARABOLE.

Agissons selon Dieu ; souvent, sans qu'on y pense,
Où l'on sema le bien germe la récompense.

Un pêcheur irlandais qui vivait pauvrement,
Dont la famille, en pleurs, n'avait pour aliment
Que d'un brouet grossier la sauvage amertume,
Tire, un jour, ses filets plus lourds que de coutume !
« Bon ! pense-t-il, voilà pour un riche, et demain
Mes enfants auront tous du pain d'orge à la main ! »

11

Il amène, joyeux, sa charge sur le havre...
O ciel ! ses pauvres bras n'ont pêché qu'un cadavre !
Au lieu d'abandonner le corps sur les galets
Et de recommencer à jeter ses filets,
Le pêcheur dit : « Mon Dieu ! quelle affreuse aventure !
Mais je veux à ce mort donner la sépulture :
Son âme en sera plus tranquille. — Quant à moi,
J'ai perdu ma journée. »

        Alors, tout en émoi,
Religieusement dans ses bras il soulève
Le triste objet qui fit évanouir son rêve,
Et s'en va le porter vers un tertre éloigné,
Que la plus haute mer a toujours épargné ;
Et puis, déposant là son fardeau volontaire,
Il se mit à creuser péniblement la terre,
Non sans prier tout bas pour les trépassés. — Or,
En creusant, il finit par trouver... un trésor !

Frères, vous le voyez, parfois, sans qu'on n'y pense,
Où l'on sema le bien germe la récompense.

ÉMILE DESCHAMPS.

PETITE VIOLETTE.

FABLE.

Petite violette, un jour, venait de naître
Sur le bord d'un ruisseau, dans un vallon caché,
Quand elle dit, mettant le nez à la fenêtre :
Belle fleur !... j'ai le front vers la terre penché...

Qui le saura? personne; et puis, près de cette onde,
Qu'est-ce que je verrai? rien du tout. —Et les fleurs
    Sont faites pour le monde...
C'est donc raison d'aller prendre racine ailleurs. »

Tout en parlant ainsi, petite violette
Avec les petits doigts de sa petite main
Tire ses petits pieds du sol, fait sa toilette,
    Et se met en chemin.

« La montagne, au front bleu, qui dans l'air se dessine
Me conviendrait, dit-elle. — A son premier plateau
Si je pouvais atteindre, oh! ce serait bien beau!
    Et je verrais du monde un bon morceau!...
C'est donc raison d'aller prendre, là-haut, racine. »

Petite violette a, d'un agile pas,
Gravi le monticule au soleil qui le dore;
Mais, à peine installée, elle n'y trouve pas
    Son compte; et soupirant encore :

« D'ici l'on ne voit pas grand'chose; —il me faut tout.
Ah!... du second plateau, je pourrais, j'imagine,
Voir le monde, et cela, de l'un à l'autre bout...
C'est donc raison d'aller prendre, plus haut, racine.»

Sitôt dit, sitôt fait. — Par l'orage et le vent,
Petite violette enflammée, intrépide,
    Monte la côte plus rapide;
Le voyage est déjà plus dur qu'auparavant.
Toutefois, la voici bien ou mal arrivant
Sur le second plateau, que baigne un lac limpide.
Mais, à peine installée : « Ah! dit-elle, d'ici
Je n'aperçois le monde encor qu'en raccourci!

C'est du dernier sommet, qui perce et qui domine
    Les grands nuages entr'ouverts,
    Que l'on peut voir tout l'univers !...
C'est donc raison d'aller y prendre enfin racine. »

    Et, sans plus réfléchir à rien,
Comme sous l'aiguillon d'une voix qui l'appelle,
Notre folle, en deux temps, se remet de plus belle
    A son voyage aérien.

La route est, cette fois, bien autrement mauvaise ;
Pour mieux dire, il n'est plus ni routes ni sentiers.
Petite violette éprouve un grand malaise ;
Elle retournerait sur ses pas volontiers...
    Mais elle a comme le vertige,
    Mais la tête lui tourne ;... alors
    Se haussant aux derniers efforts,
    Par une sorte de prodige
Elle arrive, le cœur bien gros, le corps bien las,
Sur ce pic, noble but de ses vœux : — mais hélas !
    Plus de terre, pas une mousse ;
Le sol est un granit aride, où rien ne pousse ;
Un vent glacial souffle, autour, avec fureur,
Et l'horizon n'est plus qu'une brumeuse horreur.
Petite violette, au bruit des avalanches,
    Tremble de froid et de terreur
    Dans toutes ses petites branches ;
    Elle met sa tête à couvert
    Sous son petit tablier vert ;
    Ses petites mains s'alourdissent ;
Ses petits pieds se gonflent, s'engourdissent,
Elle se prend à pleurer... Tout le bleu

De sa petite joue a pâli peu à peu;
  Et ses pleurs, desséchés sur place,
  Y pendent en lambeaux de glace.
Enfin, dans l'ouragan se perd un petit cri :
« Que ne suis-je restée aux bords où j'ai fleuri! »

Petite violette épuisée, et qui souffre
  Tout ce qu'une fleur peut souffrir.
Se tait, raidit sa tige et roule... et dans un gouffre
  Elle achève enfin de mourir.

As-tu dans le vallon une calme chaumine,
Trois arbres au soleil?... C'est tout ce qu'il te faut;
  Ne cherche pas à t'en aller plus haut,
  Tu ne ferais qu'élever ta ruine.

ÉMILE DESCHAMPS.

LE CHÊNE ET LE ROSEAU.

FABLE.

  Le chêne un jour dit au roseau :
Vous avez bien sujet d'accuser la nature;
Un roitelet pour vous est un pesant fardeau :
  Le moindre vent qui d'aventure
  Fait rider la face de l'eau,
  Vous oblige à baisser la tête;
Cependant que mon front, au Caucase pareil,
Non content d'arrêter les rayons du soleil,
  Brave l'effort de la tempête.

Tout vous est aquilon, tout me semble zéphyr.
Encore si vous naissiez à l'abri du feuillage
    Dont je couvre le voisinage,
    Vous n'auriez pas tant à souffrir;
    Je vous défendrais de l'orage :
    Mais vous naissez le plus souvent
Sur les humides bords des royaumes du vent.
La nature envers vous me semble bien injuste.
Votre compassion, lui répondit l'arbuste,
Part d'un bon naturel; mais quittez ce souci :
    Les vents me sont moins qu'à vous redoutables;
Je plie, et ne romps pas. Vous avez jusqu'ici
    Contre leurs coups épouvantables
    Résisté sans courber le dos;
Mais attendons la fin. Comme il disait ces mots,
Du bout de l'horizon accourt avec furie
    Le plus terrible des enfants
Que le nord eût portés jusque-là dans ses flancs.
    L'arbre tient bon, le roseau plie.
    Le vent redouble ses efforts,
    Et fait si bien qu'il déracine
Celui de qui la tête au ciel était voisine,
Et dont les pieds touchaient à l'empire des morts.

LA BAGUE D'OR.

PARABOLE.

Un père à ses trois fils partagea tous ses biens,
Ne gardant qu'une bague en or : « Je la retiens,
Pour en faire présent, dit-il, quand viendra l'heure,
A qui de vous fera l'action la meilleure.

Partez ; mais à Noël, autour de l'âtre assis,
Vous reviendrez jouter de merveilleux récits. »
Ils partirent, joyeux, pour la grande tournée,
Et revinrent tous trois à l'époque ordonnée.

Le premier dit : « Un riche étranger, en chemin,
Me remit un sac d'or sans reçu de ma main.
Il mourut... Je pouvais, faute d'aucune preuve,
Garder tout... J'ai rendu le sac d'or à sa veuve. »

Le père répondit : « Faisant cela, tu fis
Une bonne action ; mais ce n'était, mon fils,
Qu'un devoir rigoureux de rendre cette somme :
Garder le bien d'un autre est d'un malhonnête homme. »

« Un jour, dit le second, que je passais devant
Un très-grand lac, je vis s'y noyer un enfant ;
Je m'élançai, plus prompt que la foudre qui tombe,
Et je le retirai, sain et sauf, de sa tombe. »

« Ton action, mon fils, est fort louable aussi,
Dit le père, c'est vrai ; mais tu n'as fait ainsi
Que suivre la leçon du Maître à ses apôtres :
Secourez-vous, en tous périls, les uns les autres. »

Le dernier dit : « Un soir, je vis mon ennemi,
Au bord d'un précipice et, tout seul, endormi.
Au moindre mouvement il roulait dans l'abîme...
Je le sauvai, dussé-je être après sa victime. »

« Mon cher fils, répondit le père, embrasse-moi,
Et donne-moi ta main, car la bague est à toi :
Servir nos ennemis est la vertu suprême,
C'est le bien pour le mal, c'est imiter Dieu même. »

ÉMILE DESCHAMPS.

ÉLOGE DES LARMES.

Quelle grâce ! quel mystère
Qu'une larme dans les yeux !
C'est un baume salutaire
Qui, pour nous, descend des cieux.
Sous les pleurs l'âme brisée
Se relève par degrés,
Comme on voit sous la rosée
Reverdir l'herbe des prés.

ÉMILE DESCHAMPS.

LE ROI DES AULNES.

BALLADE (GOETHE).

Qui donc passe à cheval dans la nuit et le vent !
C'est le père avec son enfant.
De son bras crispé de tendresse,
Contre sa poitrine il le presse,
Et de la bise il le défend.

— « Mon fils, d'où vient qu'en mon sein tu frissonnes ? »
— « Mon père, là, vois-tu le roi des aulnes ?
» Couronne au front, en long manteau ? »
— « Mon fils, c'est un brouillard sur l'eau.

— » Viens, cher enfant, suis-moi dans l'ombre ;
» Je t'apprendrai des jeux sans nombre ;
» J'ai de magiques fleurs et des perles encor ;
» Ma mère a de beaux habits d'or. »

— « N'entends-tu point, mon père (oh ! que tu te dépêches !)
» Ce que le roi murmure et me promet tout bas ? »
— « Endors-toi, mon cher fils, et ne t'agite pas ;
» C'est le vent qui bruit parmi les feuilles sèches. »

— « Veux-tu venir, mon bel enfant ? oh ! ne crains rien !
« Mes filles, tu verras, te soigneront si bien !
» La nuit, mes filles blondes
» Mènent les molles rondes.
» Elles te berceront,
» Danseront, chanteront !... »

11.

— « Mon père, dans les brumes grises
» Vois ses filles en cercle assises! »
— « Mon fils, mon fils, j'aperçois seulement
« Les saules gris aux bords des flots dormant. »

— « Je t'aime, toi... je suis attiré par ta grâce!
» Viens, viens donc! un refus pourrait t'être fatal! »
— « Ah! mon père, mon père! il me prend... il m'embrasse.
» Le roi des aulnes m'a fait mal! »

Et le père frémit et galope plus fort,
Serrant entre ses bras son enfant qui sanglote...
Il touche à son manoir; son manteau s'ouvre et flotte...
      Dans ses bras l'enfant était mort!

                    ÉMILE DESCHAMPS.

LE CHÊNE ET LE BOULEAU.

FABLE.

Tel se croyait géant qui n'était que pygmée :
Notre fable en fait foi, d'antique renommée.—
Le chêne et le bouleau, plantés en même temps,
      Comptaient environ... trois printemps,
Lorsqu'un jour le bouleau, — quelle mouche bellique
            le pique? —
De ses progrès naissants plus fier que de raison,
Parle au chêne en ces mots : « Nés en même saison,
      —Qui le dirait à notre taille? —

Tandis que j'ai tout près de dix palmes de haut,
  Las! tu n'es que fétu de paille!
  Tu restes nain, ou peu s'en faut.
Ma crue à tes pareils est offerte en exemple;
  D'honneur, oui, plus je me contemple,
Plus j'admire comment, partis du même point,
  Bouleaux croissent et chêneaux point!
  Votre séve se perd... ou chôme;
  Ce vous est un triste symptôme;
  Je n'aperçois, en tout ce bois,
  Que chêneaux réduits aux abois;
  Je doute que votre lignée
  Résiste aux chaleurs de l'année. »

Le chêne eût pu répondre. Il n'en fit rien pourtant
Mais, à part, il pensait : « Ah! tu fais l'important,
  Arbre follet à blanche écorce!
  Tu nous vois, d'un œil de pitié,
  Plus petits que toi de moitié;
  N'en pouvant mais, à bout de force;
  Perdus, vienne un coup de soleil!
Sur nos retardements, dont tu ne sais les causes,
      tu gloses :
  Ah! plutôt crains notre réveil!
  Pour vivre les longues années
  Qui sont aux chênes destinées,
  Cent ans peut-être, et mieux encor,
Il nous faut, au début, ménager notre essor.
Cependant, prêtez-nous un salutaire ombrage
  Sur ce coteau méridien;
  Couvrez-nous de votre feuillage;
  Croissez, bouleaux, — cela va bien : —

Le chêneau, le pauvret qui vers son déclin penche,
    Aura bientôt pris sa revanche. »
A quelque temps de là les chênes grandissaient
Et, par eux étouffés, les bouleaux périssaient.

R. D. BERTHELEMY.

LE CHATEAU DE CARTES.

Un bon mari, sa femme, et deux jolis enfants,
Coulaient en paix leurs jours dans le simple héritage
Où, paisibles comme eux, vécurent leurs parents.
Ces époux, partageant les doux soins du ménage,
Cultivaient leur jardin, recueillaient leurs moissons ;
Et le soir dans l'été, soupant sous le feuillage,
    Dans l'hiver, devant leurs tisons,
Ils prêchaient à leurs fils la vertu, la sagesse,
Leur parlaient du bonheur qu'elles donnent toujours :
Le père par un conte égayait ses discours,
    La mère par une caresse.
L'aîné de ses enfants, né grave, studieux,
    Lisait et méditait sans cesse ;
Le cadet, vif, léger, mais plein de gentillesse,
Sautait, riait toujours, ne se plaisait qu'aux jeux.
Un soir, selon l'usage, à côté de leur père,
Assis près d'une table où s'appuyait la mère,
L'aîné lisait Rollin : le cadet, peu soigneux
D'apprendre les hauts faits des Romains et des Parthes,
Employait tout son art, toutes ses facultés,

A joindre, à soutenir par les quatre côtés,
    Un fragile château de cartes ;
Il n'en respirait pas d'attention, de peur.
    Tout à coup voici le lecteur
Qui s'interrompt : « Papa, dit-il, daigne m'instruire
Pourquoi certains guerriers sont nommés conquérants,
    Et d'autres fondateurs d'empire ?
    Ces deux noms sont-ils différents ? »
    Le père méditait une réponse sage,
Lorsque son fils cadet, transporté de plaisir,
Après tant de travail, d'avoir pu parvenir
    A placer son second étage,
S'écrie : « Il est fini ! » Son frère, murmurant,
Se fâche, et d'un seul coup détruit son long ouvrage ;
    Et voilà le cadet pleurant.
    « Mon fils, répond alors le père,
    Le fondateur, c'est votre frère,
    Et vous êtes le conquérant. »

Florian.

LE LION ET LE MOUCHERON.

FABLE.

Va-t'en, chétif insecte, excrément de la terre !
    C'est en ces mots que le lion
    Parlait un jour au moucheron.
    L'autre lui déclara la guerre :
Penses-tu, lui dit-il, que ton titre de roi
    Me fasse peur ni me soucie ?

Un bœuf est plus puissant que toi;
Je le mène à ma fantaisie.
A peine il achevait ces mots,
Que lui-même il sonna la charge,
Fut le trompette et le héros.
Dans l'abord il se met au large;
Puis prend son temps, fond sur le cou
Du lion, qu'il rend presque fou.
Le quadrupède écume, et son œil étincelle;
Il rugit. On se cache, on tremble à l'environ;
Et cette alarme universelle
Est l'ouvrage d'un moucheron.
Un avorton de mouche en cent lieux le harcelle;
Tantôt pique l'échine, et tantôt le museau,
Tantôt entre au fond du naseau.
La rage alors se trouve à son faîte montée.
L'invisible ennemi triomphe, et rit de voir
Qu'il n'est griffe ni dent en la bête irritée
Qui de la mettre en sang ne fasse son devoir.
Le malheureux lion se déchire lui-même,
Fait résonner sa queue à l'entour de ses flancs,
Bat l'air, qui n'en peut mais; et sa fureur extrême
Le fatigue, l'abat : le voilà sur les dents.
L'insecte, du combat, se retire avec gloire :
Comme il sonna la charge, il sonne la victoire,
Va partout l'annoncer, et rencontre en chemin
L'embuscade d'une araignée;
Il y rencontre aussi sa fin.

Quelle chose par là nous peut être enseignée?
J'en vois deux, dont l'une est qu'entre nos ennemis

Les plus à craindre sont souvent les plus petits ;
L'autre, qu'aux grands périls tel a pu se soustraire,
   Qui périt pour la moindre affaire.

LE LOUP ET L'AGNEAU.

FABLE.

La raison du plus fort est toujours la meilleure :
   Nous l'allons montrer tout à l'heure.
   Un agneau se désaltérait
   Dans le courant d'une onde pure.
Un loup survient à jeun, qui cherchait aventure,
   Et que la faim en ces lieux attirait.
Qui te rend si hardi de troubler mon breuvage ?
   Dit cet animal plein de rage :
Tu seras châtié de ta témérité.
Sire, répond l'agneau, que votre majesté
   Ne se mette pas en colère ;
   Mais plutôt qu'elle considère
   Que je me vas désaltérant
      Dans le courant,
   Plus de vingt pas au-dessous d'elle ;
Et que par conséquent, en aucune façon,
   Je ne puis troubler sa boisson.
Tu la troubles, reprit cette bête cruelle ;
Et je sais que de moi tu médis l'an passé.
— Comment l'aurais-je fait si je n'étais pas né ?
   Reprit l'agneau ; je tette encore ma mère.

—Si ce n'est toi, c'est donc ton f1*i*.

— Je n'en ai point. — C'est donc quelqu'un des tiens ;

    Car vous ne m'épargnez guère,

    Vous, vos bergers, et vos chiens

On me l'a dit : il faut que je me venge.

    Là-dessus, au fond des forêts

    Le loup l'emporte, et puis le mange,

    Sans autre forme de procès.

LE COCHE ET LA MOUCHE.

FABLE.

Dans un chemin montant, sablonneux, malaisé,

Et de tous les côtés au soleil exposé,

    Six forts chevaux tiraient un coche.

Femmes, moine, vieillards, tout était descendu :

L'attelage suait, soufflait, était rendu.

Une mouche survient, et des chevaux s'approche,

Prétend les animer par son bourdonnement,

Pique l'un, pique l'autre, et pense à tout moment

    Qu'elle fait aller la machine ;

S'assied sur le timon, sur le nez du cocher.

    Aussitôt que le char chemine,

    Et qu'elle voit les gens marcher,

Elle s'en attribue uniquement la gloire,

Va, vient, fait l'empressée : il semble que ce soit

Un sergent de bataille allant en chaque endroit

Faire avancer ses gens, et hâter la victoire.

La mouche, en ce commun besoin,
Se plaint qu'elle agit seule, et qu'elle a tout le soin ;
Qu'aucun n'aide aux chevaux à se tirer d'affaire.
    Le moine disait son bréviaire :
Il prenait bien son temps ! Une femme chantait :
C'était bien de chansons qu'alors il s'agissait !
Dame mouche s'en va chanter à leurs oreilles,
    Et fait cent sottises pareilles.
Après bien du travail le coche arrive au haut.
Respirons maintenant ! dit la mouche aussitôt :
J'ai tant fait que nos gens sont enfin dans la plaine.
Çà, messieurs les chevaux, payez-moi de ma peine.

Ainsi certaines gens, faisant les empressés,
    S'introduisent dans les affaires :
    Ils font partout les nécessaires,
Et, partout importuns, devraient être chassés.

———————

LE SINGE QUI MONTRE LA LANTERNE MAGIQUE.

Messieurs les beaux esprits, dont la prose et les vers
Sont d'un style pompeux et toujours admirable,
Mais que l'on n entend point, écoutez cette fable ,
    Et tâchez de devenir clairs.

Un homme qui montrait la lanterne magique
    Avait un singe dont les tours

Attiraient chez lui grand concours ;
Jacqueau (c'était son nom) sur la corde élastique
 Dansait et voltigeait au mieux,
 Puis faisait le saut périlleux,
Et puis, sur le cordon, sans que rien le soutienne,
 Le corps droit, fixe et d'aplomb,
 Notre Jacqueau fait tout du long
 L'exercice à la prussienne.
Un jour qu'au cabaret son maître était resté
 (C'était, je pense, un jour de fête),
 Notre singe en liberté
 Veut faire un coup de sa tête.
Il s'en va rassembler les divers animaux
 Qu'il peut rencontrer dans la ville ;
 Chiens, chats, poulets, dindons, pourceaux
 Arrivent bientôt à la file.
—Entrez ! entrez ! messieurs, criait notre Jacqueau ;
C'est ici, c'est ici qu'un spectacle nouveau
Vous charmera gratis. Oui, messieurs, à la porte
On ne prend point d'argent ; je fais tout pour l'honneur.
 A ces mots chaque spectateur
 Va se placer, et l'on apporte
La lanterne magique ; on ferme les volets,
 Et par un discours fait exprès
 Jacqueau prépare l'auditoire.
 Ce morceau vraiment oratoire
 Fit bâiller ; mais on applaudit.
Content de son succès, notre singe saisit
 Un verre peint, qu'il met dans sa lanterne.
 Il sait comment on le gouverne,
 Et crie en le poussant : —Est-il rien de pareil ?

Messieurs, vous voyez le soleil,
Ses rayons et toute sa gloire.
Voici présentement la lune, et puis l'histoire
d'Adam, d'Ève et des animaux...
Voyez, messieurs, comme ils sont beaux !
Voyez la naissance du monde ;
Voyez... Les spectateurs, dans une nuit profonde,
Écarquillaient leurs yeux et ne pouvaient rien voir ;
L'appartement, le mur, tout était noir.
— Ma foi, disait un chat, de toutes les merveilles
Dont il étourdit nos oreilles,
Le fait est que je ne vois rien.
— Ni moi non plus, disait un chien.
— Moi, disait un dindon, je vois bien quelque chose ;
Mais, je ne sais pour quelle cause,
Je ne distingue pas très-bien.
Pendant tout ce discours, le Cicéron moderne,
Parlait éloquemment et ne se lassait point.
Il n'avait oublié qu'un point,
C'était d'éclairer sa lanterne.

FLORIAN.

LE VIEILLARD ET LES TROIS JEUNES HOMMES.

FABLE.

Un octogénaire plantait.
Passe encor de bâtir ; mais planter à cet âge !
Disaient trois jouvenceaux, enfants du voisinage :

Assurément il radotait.

Car, au nom des dieux, je vous prie,
Quel fruit de ce labeur pouvez-vous recueillir?
Autant qu'un patriarche il vous faudrait vieillir.

A quoi bon charger votre vie
Des soins d'un avenir qui n'est pas fait pour vous?
Ne songez désormais qu'à vos erreurs passées :
Quittez le long espoir et les vastes pensées ;

Tout cela ne convient qu'à nous.

Il ne convient pas à vous-mêmes,
Repartit le vieillard. Tout établissement
Vient tard et dure peu. La main des Parques blêmes
De vos jours et des miens se joue également.
Nos termes sont pareils par leur courte durée.
Qui de nous des clartés de la voûte azurée
Doit jouir le dernier? Est-il aucun moment
Qui vous puisse assurer d'un second seulement?
Mes arrière-neveux me devront cet ombrage :

Eh bien ! défendez-vous au sage
De se donner des soins pour le plaisir d'autrui?
Cela même est un fruit que je goûte aujourd'hui :
J'en puis jouir demain, et quelques jours encore ;

Je puis enfin compter l'aurore
Plus d'une fois sur vos tombeaux.

Le vieillard eut raison : l'un des trois jouvenceaux
Se noya dès le port, allant à l'Amérique ;
L'autre, afin de monter aux grandes dignités,
Dans les emplois de Mars servant la république,
Par un coup imprévu vit ses jours emportés ;

Le troisième tomba d'un arbre
Que lui-même il voulut enter

Et, pleurés du vieillard (1), il grava sur leur marbre
Ce que je viens de raconter.

LA PLAIDOIRIE DE L'INTIMÉ.

L'INTIMÉ, d'un ton finissant en fausset.

Messieurs, tout ce qui peut étonner un coupable,
Tout ce que les mortels ont de plus redoutable,
Semble s'être assemblé contre nous par hasard ;
Je veux dire la brigue et l'éloquence. Car,
D'un côté, le crédit du défunt m'épouvante ;
Et de l'autre côté, l'éloquence éclatante
De maître Petit-Jean m'éblouit.

DANDIN.

Avocat,
De votre ton vous-même adoucissez l'éclat.

L'INTIMÉ.

(D'un ton ordinaire.)   (Du beau ton.)

Oui-dà, j'en ai plusieurs. Mais quelque défiance
Que nous doive donner la susdite éloquence,
Et le susdit crédit ; ce, néanmoins, messieurs,
L'ancre de vos bontés nous rassure. D'ailleurs,
Devant le grand Dandin l'innocence est hardie ;
Oui, devant ce Caton de basse Normandie,

(1) Tournure elliptique, pour dire : *ils furent pleurés du vieillard, et il
grava*, etc.

Ce soleil d'équité qui n'est jamais terni :
Victrix causa Diis placuit, sed victa Catoni.

DANDIN.

Vraiment il plaide bien.

L'INTIMÉ.

Sans craindre aucune chose,
Je prends donc la parole, et je viens à ma cause.
Aristote, *primo peri politicon,*
Dit fort bien...

DANDIN.

Avocat, il s'agit d'un chapon,
Et non pas d'Aristote et de sa Politique.

L'INTIMÉ.

Oui, mais l'autorité du Péripatétique
Prouverait que le bien et le mal...

DANDIN.

Je prétends
Qu'Aristote n'a point d'autorité céans.
Au fait.

L'INTIMÉ.

Pausanias, en ses Corinthiaques...

DANDIN.

Au fait.

L'INTIMÉ.

Rebuffe...

DANDIN.

Au fait, vous dis-je,

L'INTIMÉ.

Le grand Jacques...

DANDIN.

Au fait, au fait, au fait.

L'INTIMÉ.

Harmenopul, *in Prompt...*

DANDIN.

Oh ! je te vais juger.

L'INTIMÉ.

Oh ! vous êtes si prompt !
Voici le fait. (*Vite.*) Un chien vient dans une cuisine,
Il y trouve un chapon, lequel a bonne mine.
Or, celui pour lequel je parle est affamé ;
Celui contre lequel je parle *autem* plumé ;
Et celui pour lequel je suis prend en cachette
Celui contre lequel je parle. L'on décrète ;
On le prend. Avocat pour et contre appelé :
Jour pris. Je dois parler, je parle ; j'ai parlé.

DANDIN.

Ta, ta, ta, ta. Voilà bien instruire une affaire !
Il dit fort posément ce dont on n'a que faire,
Et court le grand galop quand il est à son fait.

L'INTIMÉ.

Mais le premier, monsieur, c'est le beau.

DANDIN.

C'est le laid.
A-t-on jamais plaidé d'une telle méthode ?
Mais qu'en dit l'assemblée ?

LÉANDRE.

Il est fort à la mode.

L'INTIMÉ, d'un ton véhément.

Qu'arrive-t-il, messieurs? On vient. Comment vient-on?
On poursuit ma partie. On force une maison.

Quelle maison? maison de notre propre juge.
On brise le cellier qui nous sert de refuge.
De vol, de brigandage, on nous déclare auteurs.
On nous traîne, on nous livre à nos accusateurs,
A maître Petit-Jean, messieurs. Je vous atteste :
Qui ne sait que la loi, *Si quis canis*, Digeste
De vi, paragrapho, messieurs... *caponibus*,
Est manifestement contraire à cet abus?
Et quand il serait vrai que Citron, ma partie,
Aurait mangé, messieurs, le tout, ou bien partie
Dudit chapon ; qu'on mette en compensation
Ce que nous avons fait avant cette action.
Quand ma partie a-t-elle été réprimandée?
Par qui votre maison a-t-elle été gardée?
Quand avons-nous manqué d'aboyer au larron?
Témoin trois procureurs, dont icelui Citron
A déchiré la robe. On en verra les pièces.
Pour nous justifier, voulez-vous d'autres pièces

PETIT-JEAN.

Maître Adam...

L'INTIMÉ.

Laissez-nous.

PETIT-JEAN.

L'Intimé...

L'INTIMÉ.

Laissez-nous.

PETIT-JEAN.

S'enroue.

L'INTIMÉ.

Hé! laissez-nous. Euh! euh!

DANDIN.

Reposez-vous,

Et concluez.

L'INTIMÉ, d'un ton pesant.

Puis donc qu'on nous permet de prendre
Haleine, et que l'on nous défend de nous étendre,
Je vais, sans rien omettre, et sans prévariquer,
Compendieusement énoncer, expliquer,
Exposer à vos yeux l'idée universelle
De ma cause, et des faits renfermés en icelle.

DANDIN.

Il aurait plutôt fait de dire tout vingt fois,
Que de l'abréger une. Homme, ou, qui que tu sois,
Diable, conclus ; ou bien que le ciel te confonde !

L'INTIMÉ.

Je finis.

DANDIN.

Ah !

L'INTIMÉ.

Avant la naissance du monde...

DANDIN, bâillant.

Avocat, ah ! passons au déluge.

L'INTIMÉ.

Avant donc
La naissance du monde et sa création,
Le monde, l'univers, tout, la nature entière
Était ensevelie au fond de la matière.
Les éléments, le feu, l'air, et la terre, et d'eau,

12

Enfoncés, entassés, ne faisaient qu'un monceau,
Une confusion, une masse sans forme,
Un désordre, un chaos, une cohue énorme.
Unus erat toto naturæ vultus in orbe,
Quem Græci dixere chaos, rudis indigestaque moles.

RACINE (Les Plaideurs).

TABLE.

—

		Pages.
PREMIÈRE LEÇON. — De l'articulation des voyelles		1
DEUXIÈME LEÇON. — Voyelles ouvertes		6
TROISIÈME LEÇON. — Voyelles nasales		25
QUATRIÈME LEÇON. — Voyelles labiales		27
CINQUIÈME LEÇON. — Des consonnes		50
SIXIÈME LEÇON. — Mollesse d'articulation		64
SEPTIÈME LEÇON. — Blaisement		68
HUITIÈME LEÇON. — Grasseyement		73
NEUVIÈME LEÇON. — Bégaiement		88
CONSEILS GÉNÉRAUX.		98
COURS DE LECTURE A HAUTE VOIX		101
Oreste au nom de Grecs demande à Pyrrhus, etc.		105
Le meunier Sans-Souci		106
Les Catacombes de Rome		109
Le Songe d'Hamlet		113
L'Orage et la Caverne		115
Les dix Francs d'Alfred		118
Le Songe d'Athalie		123
Exorde du père Bridaine		125
La Mort de Vatel		126
La Chute des feuilles		128
Le Château de Versailles		129
Le Paysan du Danube		130
Les Châteaux en Espagne		133

Pages.

Madame de Sévigné à M. de Coulanges.................... 134

Madame de Sévigné à sa fille ....,, 136

Le duc de Montansier au Dauphin...................,..... 138

Madame de Maintenon à madame de Montespan.......... 138

J.-J. Rousseau à un jeune homme...................... 140

Philinte et Alceste................................. 142

Louis XI et Nemours.............,................. 148

Édouard et le duc d'York... 154

Auguste et Cinna.................................. 158

Démocrite et Héraclite 163

Polyeucte et Néarque............ 166

Athalie et Joas 170

Trissotin et Vadius............................... 174

Deux Apologues................................... 179

La Goutte d'Eau, apologue.......................... 180

Un Coup de filet, parabole.......................... 181

La petite Violette, fable............................ 182

Le Chêne et le Roseau, fable........................ 185

La Bague d'Or, parabole............................ 187

L'Éloge des larmes ....,.... 188

Le Roi des Aulnes, ballade.......................... 189

Le Chêne et le Bouleau , fable....................... 190

Le Château de cartes, fable.... 192

Le Lion et le Moucheron, fable....................... 193

Le Loup et l'Agneau, fable.......................... 195

Le Coche et la Mouche, fable........................ 196

Le Singe qui montre la lanterne magique.............. 197

Le Vieillard et les trois jeunes Hommes 199

La Plaidoirie de l'Intimé.......................... 201

PARIS. — TYP, WALDER, RUE BONAPARTE, 44.

OUVRAGES

SUR LA CHASSE

PAR

ELZÉAR BLAZE

Le Livre du roy Modus et de la royne Racio.—Recueil des anciennes chroniques de chasse. Un beau vol. gr. in-8°. 30 fr.

Le Chasseur aux filets ou la chasse des dames. — Contenant les habitudes, les ruses des petits Oiseaux, leurs noms vulgaires et scientifiques, l'Art de les prendre, de les nourrir et de les faire chanter en toute saison, la Manière de les engraisser, de les tuer et de les manger. Un vol. in-8°, très-rare. 30 fr.

Histoire du Chien chez tous les peuples du monde, d'après la Bible, les Pères de l'Eglise, le Koran, Homère, Aristote, Xénophon, Hérodote, Plutarque, Pausanias, Pline, Horace, Virgile, Ovide, Jean-Caius Paulini, Gessner, etc. Un vol. in-8°, rare. 15 fr.

Le Chasseur au Chien courant. — Contenant les habitudes, les ruses des Bêtes ; l'Art de les quêter, de les juger et de les détourner, de les attaquer, de les tirer ou de les prendre à force; l'Éducation du Limier, des Chiens courants, leurs maladies, etc. 2 vol. in-18, à 3 fr. 50. 7 fr.

Le Chasseur au Chien d'arrêt, traduit de l'italien. — Contenant les habitudes, les ruses du Gibier, l'Art de le chercher et de le tirer, le choix des Armes, l'Education des Chiens, leurs maladies, etc. Un vol. in-18. 3 fr. 50.

Le Chasseur conteur. — Recueil des Chroniques de chasse. Un vol. in-18. 50 fr.

Clichy. — Impr. Paul Dupont et Cie, rue du Bac-d'Asnières, 12.

www.ingramcontent.com/pod-product-compliance
Lightning Source LLC
Chambersburg PA
CBHW071943090426
42740CB00011B/1798